BASIC ECONOMICS
基本経済学

大淵三洋　芹澤高斉 編著

日隈信夫　二本杉剛　東馬宏和　川戸秀昭　浅羽隆史　葉山幸嗣

八千代出版

はしがき

　通説として、経済学の黎明はアダム・スミス（Smith, A.）の『諸国民の富の性質および諸原因に関する一研究』（*An Inquiry into the Nature and Causes of the Wealth of Nations,* 以下、『諸国民の富』）とされている。人類の長い歴史から考えると、「学」としての経済学の歴史は、他の学問と比較しても、さして長いものでない。

　それにもかかわらず、経済現象は、社会の変化ともに変貌し、今日、スミスが『諸国民の富』を執筆した当時と比較にならないほど複雑化した。そして、錯綜する国際関係も、その変貌のスピードと複雑さを増幅させている。

　この間、経済学は、大きな進展を遂げている。一方で、複雑な経済現象を単純化し、その本質を理解し、システムとしてとらえ、問題の解決にチャレンジする経済学の基本的な姿勢は、いつの時代も、一貫しているといってよいであろう。また、経済学の枠組みは、先駆的仕事を継承しつつ、形成されてきた。すなわち、経済学は、統一された枠組みをもった学問体系なのである。

　上に述べた変化極まりない社会に対峙し、時代を生き抜くうえで、知識を身につけることが必要不可欠である。特に、複雑な経済現象に対処するためには、基本的かつ汎用的な知識として、経済学を修得することが有意義であろう。

　本書は、経済学の歴史、理論などをできる限り、平易かつ簡明に記述した内容で構成されている。また、経済用語等を正確な理解ができるように説明したうえで、経済学の基本的な考え方を理解することに重点が置かれている。

　このような特徴を有する本書、『基本経済学』は、これから経済学を志す初学者はもちろんのこと、ある程度の知識を有する方々に適した著作である。

　共編者である大淵と芹澤は、1998年から1999年まで、イギリスのロンドン大学（LSE：The London School of Economics and Political Science）に招聘されていたときからの研究仲間で友人でもある。東馬宏和氏および川戸秀昭氏は、大

淵が所属する日本大学三島キャンパスの同僚であり、浅羽隆史氏は芹澤の中央大学時代における緒方俊雄ゼミナールの後輩である。また、日隈信夫氏は、大淵の日本大学時代における中山靖夫ゼミナールの後輩であり、二本杉剛氏および葉山幸嗣氏は、日隈氏の同僚であると同時に、新進気鋭の若手研究者である。

　本書は、それぞれの専門研究分野を担当して、執筆されたものである。残された改善点については、読者からの忌憚のないご批判を得て、向後、本書をより充実した内容に練り上げていきたいと考えている。

　最後となったが、拙いこの書の出版にあたり、八千代出版の森口恵美子社長および編集を担当された井上貴文氏に絶大なご支援およびご厚情を頂戴し、心より厚く謝意を表する次第である。

　　2018年3月　　執筆者を代表して

大淵三洋・芹澤高斉

目　　次

はしがき　i

第1章　総　　説 ……………………………………………………… 1

第1節　経済学の成立と経済用語　1
第2節　経済学の概念規定　4
第3節　社会科学と経済学　7
第4節　資本主義の変遷　9

第2章　経済学の系譜 ………………………………………………… 19

第1節　産業革命と資本主義　20
第2節　古典派経済学と新古典派経済学　22
第3節　ケインズ経済学とケインジアン　28
第4節　経済学から経営学へ　33

第3章　家計の消費行動 ……………………………………………… 39

第1節　経済学における消費論の地位　39
第2節　限界効用の理論　40
第3節　無差別曲線の理論　44
第4節　所得変化と消費者行動　52
第5節　価格変化と消費者行動　54

第4章　企業の生産活動 ……………………………………………… 61

第1節　生　産　関　数　61
第2節　短期の費用　64
第3節　利潤最大化　67
第4節　短期供給曲線　69
第5節　長期の生産活動　73

第5章　市場と価格形成 ……………………………………………… 83

第1節　需要と供給　83
第2節　価格の形成　88
第3節　完全競争市場と均衡の効率性　91
第4節　完全競争市場と不完全競争市場　95

第6章　貨幣の機能と金融活動 ……………………………………… 101

第1節　金融の意味　101
第2節　貨幣の役割と分類　102

iv

第3節　信用創造と金融機関の役割　106
第4節　金融市場と資金循環　109
第5節　中央銀行の役割と金融政策の有効性　112

第7章　政府の機能と財政活動　119
第1節　政府の機能　119
第2節　予算と施策　123
第3節　財　源　調　達　126
第4節　財政投融資　133

第8章　国民所得の決定　139
第1節　国民所得とは何か　139
第2節　三面等価と有効需要の理論　143
第3節　最も単純な国民所得決定モデル　145
第4節　政府活動を考慮した場合の国民所得決定モデル　148
第5節　外国貿易を導入した場合の国民所得決定モデル　151

第9章　経　済　政　策　155
第1節　IS曲線の導出　155
第2節　LM曲線の導出　159
第3節　IS-LM分析　163
第4節　経　済　政　策　164
第5節　経済政策の有効性　167

第10章　景気循環と経済成長　171
第1節　物価の決定とその変動　171
第2節　景　気　循　環　180
第3節　経済成長の要因と成長会計　183

第11章　国際経済学　189
第1節　貿易の利益と比較優位の原理　190
第2節　貿易政策とその効果　193
第3節　国際収支統計　198
第4節　為替レートとその決定　200

索　　引　210
執筆者紹介　216

第 1 章

総　　説

第1節　経済学の成立と経済用語

1　経済学を学ぶ意義

　「人間はなぜ働くのだろうか？」。その答えは明白である。生きるためである。それでは、生きるためには何が必要であろうか。経済の初期的段階は、自給自足の経済社会であった。すなわち、生活に必要なもの（生活資料）は、自分で作らざるを得なかった。しかし、現代社会は、後述のごとく、貨幣を仲介として交換活動が営まれる貨幣経済の段階にある。そのため、貨幣を排除して、生きることは考えられない。その意味では、人間が働く理由は、貨幣を獲得するためといってもよいであろう。経済学の観点から考察するならば、人間が生活するうえで必要なものは、貨幣さえあれば何でも買うことが可能である。人間は、生まれながらにして、財産も地位も平等ではない。唯一、平等に与えられているとされる「時間」でさえも、例外ではないとする説も存在する。たとえば、東京から大阪に旅をする場合、新幹線で移動するならば、時間を短縮することはできるが、支払う運賃は在来線の2倍以上になるであろう。これは、時間を貨幣で買ったといえないだろうか？　このように考えれば、時間でさえも貨幣で購入可能となる。ここに、経済学を学ぶ意義が存在するのである。

2　経済および経済学の語源

　経済学とは、経済を学ぶ学問である。では、経済とは、何であろうか。経

済とは、「人間の生産と消費に関する経済行為」の集合体である経済現象を意味する。その基礎となる人間の経済行為の規範として経済原則がある。簡単に説明するならば、「最小努力による最大効果」の原則といってよいであろう。国内部門に限定するならば、経済行為を営む経済主体（経済単位）として、消費主体である家計（household）、生産主体である企業（enterprise）、財政主体である政府（government）が存在する。各経済主体は、経済原則に従って、経済行為を営んでいるといってよい。この３主体が国民経済という総合経済の「場」において、経済現象を構成しているのである。

さて、はしがきで述べたごとく、一般に、経済思想的なものを除いて考えるならば、経済学の誕生は、1776年のスミス（Smith, A.）の『諸国民の富の性質および諸原因に関する一研究』（*An Inquiry into the Nature and Causes of the Wealth of Nations,* 以下、『諸国民の富』）とされている。経済学の黎明者であるスミスは、この著作の第１編第１章から第３章において、生産性を向上させるためには、分業が重要である、と記述している。ただし、スミスの考えていた分業は、社会的分業ではなく、職場内分業であった。すなわち、第２次産業を中心に考えていたのである。社会全体で考えると社会的分業も考慮する必要性があろう。そして、分業は協業と密接な関係を保有している。簡単に表現するならば、労働力の効率化のために、分業によって作業工程を分割し、協業の結果として、より生産性を高めるということである。社会は、ペティ＝クラークの法則（Law of Petty = Clark）により、農林水産業の第１次産業中心から、製造業、建設業や工業等の第２次産業中心、サービス業の第３次産業中心へと移行してきたといえる。分業と協業は、第３次産業中心の現在においても、応用することができるであろう。たとえば、営業担当、会計担当および管財担当などの作業工程の区分が可能である。

経済学が、スミスから発展して以来、久しい間、イギリスでは「political economy」、ドイツでは「politisch ökonomie」、そしてフランスでは「économie politique」と呼ばれてきている。現在使用されている経済という言葉は、このeconomyの訳語である。本来、economyとpolitisch ökonomieは、ラテン語のoeconomiaに由来し、oeconomiaはまたギリシャ語のoikosのラテ

ン化したoecoと、nomosのラテン化したnomiaの2語からできている。ギリシャ語のoikosは英語でいうならばhouse、すなわち「家」という意味をもっている。一方、nomosは英語のto manageを意味する。この不定詞の名詞的用法によるならば、「維持すること」となる。すなわち、oikosnomosで、「家を維持すること」という意味になると考えられる。

　日本語の「経済」の場合は、どうであろうか。わが国における経済は、通常、中国の隋・唐の時代に用いられた古典『抱朴子』の「経国済民」という四文字熟語を訳したものとされる。本来は、世を治め、民を救うことを意味する。また、わが国において、経済の言葉を使用したのは、1729（享保14）年、太宰春台の江戸時代の著作『経済録』が最初とされている。しかし、その内容は、天文および地理から始まり、武備、法令および刑罰など広汎なものであった。換言するならば、政治の方法を説いた著作であった。すなわち、前述のギリシャ語の語源である「家を維持すること」とは、大きくかけ離れたものである。社会あるいは政府という経済主体が誕生した時代、いいかえるならば、経済の段階がある程度発展した段階での解釈ということができる。

　しかしながら、現代においては、経済という用語は、政治と不可分なものといえよう。皆さん方の中にも、中学や高校時代に「政治・経済」という科目を学ばれている人は多いであろう。「・」は、両者の関係は独立しているが、密接な関係であることを意味している。また、スミス以来、英語では、経済は単に、economyとは解釈されず、political economyという言葉が使用されている。すなわち、経済は政治と不可分な関係を保有するとされ、「・」が除かれた「政治経済」と解釈されている。また、1879年、経済学中興の祖と仰がれるマーシャル（Marshall, A.）が、夫人とともに書いた『産業経済学』（*The Economics of Industry*）を出版し、1890年には代表的著作である『経済学原理』（*The Principles of Economics*）、1892年には『経済学入門』（*The Elements of Economics*）を公刊した。それ以後、経済学はeconomics、経済はeconomyとして表記されるようになったのである。

第2節　経済学の概念規定

1　経済学の学術的定義

　経済学は、社会科学である。社会科学は、自然科学と異なり、答えは、必ずしも一つではない。経済学の学術的定義も同じく多様であるが、代表的なものは、物質主義的定義と稀少性の定義である。

　前者の物質主義的定義の立場を取る代表的人物は、マーシャルである。彼は、『経済学原理』の中で、経済学を次のように説明している。すなわち、「経済学は、生活上の日常の取引における人間の研究であり、その個人および社会的行為中、福祉の物質的要件の獲得と使用に、極めて密接に結びついた部分を研究する学問である」と定義しているのである。この定義の注目すべき箇所は、アンダーラインの部分である。読者に対して、簡単に説明するならば、人間の幸福のために必要な財・サービスを、どのように獲得し、使用するかを研究するのが経済学である。現在の社会生活にあてはめて考えるならば、人間は、幸せな生活を過ごすため、生きるために必要な貨幣をどのように獲得し、それを使用して、どのように生活に必要なものを手に入れるかを考える学問ということになるであろう。このマーシャルの物質主義的定義は、人間の幸福は、物質によって満たされるという前提を設定している。確かに、人間の幸福は、必ずしも物質的側面に限定されるものではなく、非物質的側面の存在も大きい。大きな家に住み、車や家電製品を多数保有したとしても、必ずしも人間は幸福とはいえないであろう。しかし、その非物質的側面の研究は、たとえば、心理学のような他の学問が取り扱う範疇にあり、経済学は、物質的側面のみを取り扱う学問といえよう。マーシャルの物質主義的定義における経済学の目的は、人間の物質生活の向上である。

　後者の稀少性の定義は、どのようなものであろうか。サミュエルソン（Samuelson, P. A.）は、その著作『経済学』（*The Economics*）の中で、次のように記述している。すなわち、「経済学とは、人々の間の交換取引を伴う活動

の研究である。経済学とは、人々が乏しいまたは限られた生産資源を利用し、さまざまな商品を生産して、それらを社会の種々の構成員の間に消費のために配分するかにあたり、どのような選択をするかについての研究である」としている。この定義の注目すべき箇所も、アンダーラインの部分である。すなわち、人間の欲望は無限である。しかし、それを充足する財（有形財と無形財）は有限でしかない。そして、財を生産するには、一定の生産資源が必要とされる。その生産資源は稀少なものでしかない。経済学は、稀少な生産資源を、いかに配分するかを問題として取り扱うという解釈である。サミュエルソンの稀少性の定義における経済学の目的は、稀少な資源の配分をどのように行うかにある。

　以上の2つの定義は、読者にとって難し過ぎるかも知れない。そこで、日本の代表的経済学者である千種義人の経済学の定義を、最後に記しておこう。彼は『新版　経済学入門』の中で、「経済学とは、経済現象を観察し、そこから法則性を明らかにし、それを実践目的に応用する学問である」としている。これは、経済学が、過去の経済現象を時系列に並べた経済史、経済現象の中から法則性を見い出す経済理論およびそれを実践目的に応用する経済政策の3領域から成り立っていることを意味している。

2　経済の発展段階

　経済の最も原始的な形は、自給自足の経済であった。イギリスの浪漫派の小説家であるデフォー (Defoe, D.) が、1719年に著述した『ロビンソン・クルーソーの生涯と奇しくも驚くべき冒険』(*The Life and Strange Surprising Adventures of Robinson Crusoe*) でいう「ロビンソン・クルーソーの経済」である。無人島に漂流したクルーソーは、衣食住をすべて自分一人で行った。この段階では、消費と生産は直結していた。クルーソーは消費するものを自分で生産せざるを得ず、また、自分の生産の範囲内でしか消費できなかった。これは、「generalist」を前提としているからである。しかし、こうした自給自足の経済には、おのずと限界がある。その理由は、人間の生産能力の熟練度は有限であり、生活に必要なものをすべて自分だけで賄うことがきわめて

困難だからである。

　次に、経済の段階は、交換経済へと移行していった。交換経済においては、人は「specialist」であることを前提としている。人間は、一つの職業に就き、それによって得られたものを生活に必要なものと交換する。これを社会的分業という。交換経済に関して、前期歴史学派のヒルデブラント (Hildebrand, B.) は、1864年、「実物経済、貨幣経済および信用経済」 ("Naturalwirtschaft, Geldwirtschaft und Kreditwirtschaft") という論文を残している。これは、ヒルデブラントの経済発展段階説を基礎としている。第1段階は、実物経済の段階である。しかし、この段階は物々交換の困難さのために長続きすることがなかった。

　第2段階の貨幣経済は、供給者と需要者の間に貨幣が介在し、交換活動を円滑にした段階である。この段階の理解を容易にするために、図1-1を参照していただきたい。

　生産の3要素には、労働力、土地および資本がある。しかし、労働力以外は、必ずしも誰もが保有するものではない。それゆえ、図1-1では、生産要素を労働力によって代表させている。この図においては、点線で描いた円と実線で描いた円の2つが存在している。

　前者の点線で描いた円は、生産活動へ投下された労働力と貨幣の交換を意味している。しかし、これは必ずしもすべての人が行っているとはいえないであろう。たとえば、親からの仕送りや奨学金などによって、貨幣を獲得している学生諸君もいるであろう。現在では、NEET (Not in Education, Employment or Training) と呼ばれる者さえ存在している。学校にも通わず、働きもせず、職業訓練も受けずに、両親および祖父母の援助により、貨幣を獲得する者たちすら、存在しているのである。しかし、社会人になれば、多くの人間は、企業の生産活動に労働力を提供し、その対価として、時給、日

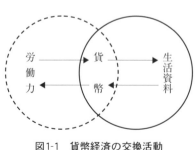

図1-1　貨幣経済の交換活動

給あるいは月給と呼ばれる貨幣を獲得しているといってよいだろう。

後者の実線で描いた円は、獲得した貨幣と交換に生活資料を手に入れることを意味している。ここでいう生活資料とは、生活を維持するために必要なものと考えていただきたい。形のあるもの（有形財）もあれば、形のないもの（無形財）も存在する。形のないものの中心は、サービスである。たとえば、学校の教員が生徒に提供しているのは、教育サービスであり、医者が患者に提供しているのは、医療サービスである。そのほかにも、金融サービス、輸送サービスや情報サービスなどが存在する。その意味で、現在は「物からサービスへ」の時代への移行と呼ばれている。

さらに、第3の段階は、特殊な貨幣が交換の媒介物として使用される段階である。特殊な貨幣とは、信用貨幣である。代表的な信用貨幣として、普通預金を基礎とするプラスチック・マネーなどがあげられる。

さて、図1-1においては、経済学の基本である個別的報償関係（give and take theory）、いいかえるならば、交換原則が機能している。すなわち、労働力の提供に対して貨幣が支払われ、最終的な目的である生活資料を獲得するために、貨幣が使用されるのである。簡単にいうならば、人間は、商品の一つである自分の労働力を企業に売り、獲得した貨幣を使用して生活に必要なものを買うのである。

第3節　社会科学と経済学

1　科学としての経済学

経済学は、社会科学の一つである。社会科学は、人間の行動を数値化して考えるといってもよいであろう。たとえば、物価、国内総生産、失業率などがあげられる。しかし、科学は人間に関するあらゆる問題を解明することはできない。経済学によって解明できるのは、人間の行動の限られた一部分でしかない。このことは、否定できない事実であろう。

経済学は、人間の社会的行為の中で、経済行為のみを分析研究するもので

ある。社会的行為には、ほかに法律行為、政治行為、倫理行為、宗教行為、芸術行為などが存在している。経済学は人間の社会的行為の中で、経済的側面を観察する社会科学といえよう。

2 経済学の3部門

本書で取り扱う経済学の研究領域は、3部門に大別することが可能と思われる。

まず第1に、経済史がある。経済史は、過去の生産、分配および消費という経済現象を時系列にとらえ、個別的、具体的に観察する研究領域である。さらに、農業経済史、商業経済史、工業経済史などの細分化が可能と考えられる。

第2に、経済理論がある。経済理論は、経済史によって分析された個々の経済現象の間に存在する因果関係や必然的関係を明らかにして、そこから何らかの法則性を見い出す領域である。一般的に、ミクロ経済学理論とマクロ経済学理論との2つに分けることが可能であろう。主として、両者は1870年代に生じた「限界革命」(marginal revolution) を契機として、その区分が生まれたとされている。ミクロ経済学理論は、家計の消費活動、企業の生産活動を分析した後に、価格を中心とした市場分析を行う。他方、マクロ経済学理論は、その総体である物価問題や失業問題などを取り扱う。

第3に、経済政策がある。経済政策は、経済理論によって発見された法則を現実の政策に応用する領域である。代表的なものとして、金融政策と財政政策が存在する。

以上の経済学の3部門は、それぞれ独自の性格を保有しているが、相互に密接な関連性をも保有していると考えられる。

経済史と経済理論は、両者とも「存在」に関する研究領域である。それらの研究には、主観的な価値判断を加えることは、禁物である。すなわち、あるがままに経済現象を観察することが重要である。それにより、初めて実際の経済政策に役立つ法則性を見い出すことができるのである。

また、経済史、経済理論および経済政策は、相互に関連し合っている。経

済史は個別的で具体的な研究領域であるが、過去の経済現象をただ単に時系列に並べればよいものではなく、経済理論に補完され、一定の原理によって整理および統合されねばならないといえよう。一方、経済理論は、その性質上、一般的、抽象的なものであるが、それは現実性を保有していなければならない。そのためには、経済史によって得られた個別的、具体的知識を基礎として理論を構築しなければならないのである。さらに、経済政策は、一定の規範や理想を追求し、その実現のために、経済史と経済理論の知識は不可欠ということができるであろう。

第4節　資本主義の変遷

1　資本主義の起源と特徴

　資本主義は、18世紀の中頃以降、イギリスにおいて発達し、ヨーロッパ大陸およびアメリカ大陸へと波及し、日本においては、19世紀末に成立したと考えられている。近代二元論の立場を取るならば、資本主義と社会主義は、厳密に区分することが可能である。なお、新聞などで使用される共産主義は、しばしば社会主義と混同されている。ある種、共産主義はモア（More, T.）が、「ユートピア」（Utopia）と呼んだ現実には存在しない理想郷であるのかもしれない。実際、読者はユートピアを辞書で引いてみると、理想的共産主義国家というほかに、現実には存在しない国家という皮肉を込めた記述があるのを見い出すことができるであろう。

　一般に、資本主義の特徴は、次のように考えてよいであろう。

　第1に、私有財産制度の下で営まれているということである。消費財を個人で所有することが認められているだけでなく、それらの財を生産するために必要な物的生産手段さえも私有することが許されている。

　第2に、市場経済体制をあげることができる。あらゆる財は、市場における需要と供給によって価格が決定される。そして、原則として、政府は市場に介入しない。

第3に、企業の利潤追求があげられる。企業は利潤を追求して、生産活動を行うのである。

第4に、階級的対立の存在があげられる。資本主義においては、生産活動に対する実権を掌握しているのは、資本家階級である。資本家は、生産に必要な機械や原材料を購入し、労働者を雇って生産活動を行う。労働者はそれらを保有することはなく、資本家に依存して生活を維持している。この両者は対立関係にあるといえよう。

しかし、資本主義を一言でいうならば、「必要に応じて労働し、能力に応じた報酬を得る社会」と表現してもよいであろう。すなわち、生活の必要性から働き、能力に応じた賃金を獲得するという社会である。これは、社会主義が「能力に応じて労働し、必要に応じた報酬を得る社会」であるのと比較すると、その特徴は大きく異なっている。社会主義は、一種の能力主義を基調とした社会といってもよいであろう。当然のことではあるが、能力のない人々は、生活を維持するうえで必要とする収入を獲得することができないことになる。

マルクス（Marx, K.）の考えた経済発展段階説によれば、資本主義は、内部矛盾により、社会主義を通過点として共産主義へと移行する。しかし、資本主義と社会主義が互いに歩み寄り一つの体制が生まれるというティンバーゲン（Tinbergen, J.）の「体制収斂論」では、単純に、二元論的に資本主義と社会主義に区分はできないことになる。

2　自由資本主義

資本主義は、自由資本主義から独占資本主義へと発展してきた。資本主義が成立した当初は、多数の資本家たちが、自由競争に従って生産を行っていたのである。この自由競争は、伝統的生産方式を重視する封建制を打破して、近代的大量生産組織を構築するために役立ったといえよう。多くの資本家が、相互により多くの利潤の最大化を求めて行動した結果、その社会に良質のものを豊富に、そして安い価格で供給することが可能となった。換言するならば、スミスが述べたように、自己の利益を得ようとする動機から出発して、

生産を営む資本家は「見えざる手」(invisible hand) に導かれて、社会全体の利益を増進させることとなった。このような初期的資本主義の形態を自由資本主義と呼んでいる。

自由資本主義が、人間の経済的生活を向上させたことは、否定できない事実であるが、同時に大きな弊害をもたらした。第1に、労働者と資本家との間の所得格差、第2に、失業の発生、第3に、恐慌の発生である。

3 独占資本主義

自由資本主義は、以上のような欠陥を内包しながら発展したが、自由競争によって弱小企業が自然淘汰され、大企業だけが残存するという結果をもたらした。そして、さらに大企業と大企業の間における競争が惹起されたのである。大企業間の競争は激しく、共倒れとなる危険があった。そこで、大企業は、競争を回避し、自己の利潤を確保するために、独占という形態を採用した。これが、独占資本主義の段階である。独占には、カルテル (kartell)、コンツェルン (konzern) およびトラスト (trust) の3種類が存在する。カルテルは、企業連合とも呼ばれ、これに加盟した各企業は、法律上はもちろん、資本上においても独立して存在するが、相互に販売条件、販売価格および生産数量に関して、協定を結ぶことを意味する。さらに、各企業が得た利潤を共同金庫に預け入れ、一定の基準に従い、その利潤を分配するものである。また、極端な場合は、共同の販売会社すら設けることもいとわない。コンツェルンは、金融共同体とも呼ばれ、これに加盟した各企業は、法律上は独立企業として存続するが、資本的には、親会社と子会社の関係で結びついている。第2次世界大戦以前には財閥と呼ばれた。コンツェルン結成の目的は、生産能率の低い加盟企業の生産を制限あるいは中止させて、優良企業に生産を集中、生産技術を改善あるいは諸企業を共同管理下において、人件費を節約し、資本調達上の有利性を確保することによって生産費を切り下げ、市場における優位を得ようとするものである。トラストは、企業合同とも呼ばれ、法律的にも資本的にも企業を合併してしまう。トラストはカルテルと同様の方法で市場を管理できる。さらに、コンツェルンと同様の方法で、生産費を

切り下げることもできるのである。しかも、その独占力は、カルテルやコンツェルンよりも、きわめて強力である。こうした各種の独占は、様々な弊害をもたらしたために、各国は独占禁止法などを制定し、独占を市場から排除する努力を試みた。

さらに、独占資本主義は、独占資本が海外へ資本や商品を輸出しようとする特徴を保有している。国内市場は企業の大量生産により、供給過剰となってしまったのである。その結果、各企業は競い合って海外市場に殺到することになった。当然、各国間の競争も激しくなり、商品を生産費を下回る安い価格で販売するダンピング（dumping）によって、海外市場に進出しようとする企業が出現する。なぜこのようなことが可能なのであろうか。それは独占企業が、自国内部において、独占力を維持して、商品価格を低く設定することができるからである。この独占資本が国家権力と結びついた場合、国家独占資本主義と呼ばれる。

加えて、独占資本主義は、不景気と失業者が長い間にわたり存続するという特徴がある。自由資本主義では、恐慌に続く不景気を経て、自動的に好景気になると考えられていた。しかし、独占資本主義の下では、独占が一般化するに従って、不況は恒常かつ慢性化することとなったのである。

4　統制経済

第2次世界大戦が始まると、国家は戦争遂行のために、国民の経済生活に対して、統制を強化するようになっていった。近代における戦争は、ある種の総力戦であり、国民経済を結集して戦争目的に奉仕させる必要が生じたからである。経済に対する国家統制は、戦争の継続にとって、欠かせないものとなっていった。そして、それは組織化され、ついには統制経済という新しい形の経済を発生せしめたのである。

統制経済とは、国家がその目的を達成するために、国民経済に直接統制を加えるような経済体制を意味する。戦争が長引くにつれて、ある種の商品の価格を公定価格にしたり、消費および生産を制限あるいは禁止したり、逆に生産命令や供出命令を出したり、切符制度、割当制度および配給制度を採用

し、資金を軍需品および生活必需品の生産部門に優先的に供給したり、国民に強制的に貯蓄を割り当て、戦争継続のために緊急かつ必要と思われないものや企業を整理したりしなければならなかった。こうした直接統制は、社会主義を除けば、戦争中のように、物資の欠乏の程度が著しいときになされるものである。戦争が終了して、物資が国民に十分に供給できる能力が回復するにつれて、統制経済は次第に撤回されるようになった。

5　修正資本主義

　本来、資本主義は、私有財産制度を基礎として、各人が市場で自由な交換活動を行い、利潤を追求して生産をする社会体制である。しかし、資本主義が発達していくに従って、このような社会体制に変化が惹起されるようになった。すなわち、資本主義は、修正を余儀なくされたのである。このような資本主義を修正資本主義と呼んでいる。

　第1に、現在の資本主義も、私有財産制度を基調とした民間部門が経済活動の中心となっているが、国内総生産に占める政府部門の割合は、増加の一途をたどっている。特に、先進国においては、福祉国家現象と相まって、その増加の速度は、きわめて顕著なものといわざるを得ない。資本主義は、スミス以来、「安価な政府」(cheap government)、「小さな政府」(small government)、あるいは「夜警国家」(night-watchman state)と呼ばれた時代から、「高価な政府」(expensive government)、または「福祉国家」(welfare state)へと変わってきた。

　第2に、原則として、資本主義は、市場経済の形態で営まれる。しかし、最近、社会主義の特徴の一つである計画経済的要素が導入される傾向が強まっている。市場経済は、資源配分の最適化という観点から考えるならば望ましいものであろうが、このために所得格差の拡大が生じたり、好況と不況の波が周期的に起きたり、失業の存在を否定することはできない。また、公害による環境汚染などが問題視されるようになってきた。こうした現象は、市場経済を維持するだけでは、回避できない事柄であろう。それゆえ、資本主義国家は、中期および長期の経済計画を策定しなければならなくなってき

ている。そして、その経済計画に沿って国民経済を運営し、前述の資本主義の欠陥を克服する努力を重ねている。たとえば、所得の大なる者に対して高い税率を適用し、所得の小なる者に低い税率を課するという累進課税制度を採用したり、後者に対して手厚い社会保障を与えることにより、垂直的公平性の実現を試みている。すなわち、所得の再分配政策の採用といえよう。一般に、このような政策が重きをなす国を、福祉国家と呼んでいる。

第3に、資本主義国では、利潤の最大化のために、企業は商品の生産を行っているが、利潤の無制限な追求は、社会的に許容されなくなってきた。国民の保健衛生に有害な商品は認可されることはなくなった。さらに、商品の誇大広告が禁止されるなど、生産活動への様々な制限が顕著なものとなってきている。企業が設備を拡大して、より多くの利潤を獲得しようとしても、政府は国民経済の観点から、それを許可しないこともある。また、企業も最大の利潤追求よりも、企業の安定や社会的責任を重視する傾向が強まっている。加えて、企業が独占により価格を引き上げようと試みても、政府はそれを許さない立場を採るようになってきた。このように、企業は商品の生産を行うことは変わりないが、生産自体に様々な制限が加えられるのが、現代社会の実情といえよう。

第4に、労働者の社会的地位の改善をあげることができよう。政府が政治的、経済的な労働者の保護政策を採用するようになってきている。過去において、社会主義者たちは、労働者は資本家に比べて相対的に窮乏化するのみならず、絶対的にも窮乏化する傾向があると主張してきた。しかし、最近の資本主義国では、そのような傾向はきわめて小さいものとなっている。労働者は、ホワイト・カラー（頭脳労働者）とブルー・カラー（肉体労働者）とに細分化され、さらには、ホワイト・カラーの中から、企業経営に参画する者さえも現れ、中産階級も出現するようになった。労働者と資本家の二分化は、大きく崩れている。

以上のように、資本主義は大きく変貌してきた。それに伴い新しい問題も生じるようになってきた。すなわち、国有企業の非効率性、国家による様々な規制の増大、社会保障費の増大および増税による国民の労働意欲の減退、

貯蓄率や投資意欲の低下、経済成長率の鈍化などが、今日の課題として浮上してきたのである。

　現代の経済情勢において、市場経済への政府の介入が、必ずしも望ましいものとは解釈されないようになってきた。すなわち、資本主義を政府の経済活動によって修正するという修正資本主義は、かえって逆効果を露呈するようになってきたのである。「政府の失敗」が、その具体的例としてあげられよう。政府は、しばしば特定の利益団体の圧力を甘受し、国民に人気のある政策しか採用しない。「ポピュリズム」（populism）の台頭も脅威の一つとしてあげられよう。現在、資本主義も「不易流行」を余儀なくされてきている、ということが思惟される。

6　近代二元論の限界と現代「場」の理論

　われわれは、ここまで、資本主義を中心に経済活動を考察してきた。確かに、現代社会において、資本主義は、社会主義よりも優位な立場にあることは、否定できない事実であろう。しかし、このようにものごとを二分化して考えることには、無理があるのではなかろうか。近代においては、二元論が採用されてきた。あたかも、黒と白、保守と革新などが、はっきりと二分化されると考えてきたのである。しかし、現実に存在するのは、黒と白ではなく、灰色に過ぎないのではなかろうか。すなわち、黒に近い灰色と白に近い灰色に過ぎない。保守と革新に関しても、中道が存在する。

　資本主義と社会主義も明確に二分化することは不可能であろう。近代二元論では、資本主義と社会主義の２つが併存し、相対立するかのように論じられたわけである。読者は、図１-２を参照されたい。この図を使用して、筆者の考える資本主義と社会主義の関係を説明したいと思う。

　図１-２の左に位置する図から理解できるように、近代二元論では、資本主義と社会主義が独立して存在するように考えられてきた。しかし、右の図の現代の理論においては、両者は、世界経済という「場」の中に存在している。しかも、互いに影響を受けているといえよう。右に位置する図からも理解できると考えられるが、現代において、存在する社会体制は、単純に資本

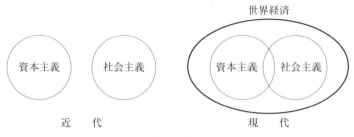

図1-2 資本主義と社会主義

主義と社会主義に二分化できるものではないであろう。資本主義を基調として社会主義的要素を組み入れているものと、社会主義を基調として資本主義的要素を組み入れている体制が存在していると考えられる。特に、1989年に東西ベルリンの壁が取り除かれ、1991年のソビエト連邦の崩壊により、社会主義は力を失いつつあり、資本主義的要素を導入しつつある。

現在、資本主義と社会主義は、重複部分が広がっているのではなかろうか。もしかしたならば、ティンバーゲンの体制収斂論すら、夢の世界ではないのかも知れない。

コラム：「実学」と「虚学」を学ぶ意義

　学問の区分の一つとして、「実学」と「虚学」がある。実学とは、人間が実生活を営むために必要不可欠な学問である。代表的なものに、法学、政治学が存在する。もし法学の知識がなければ、犯罪を犯すかも知れないし、政治学の知識を保有しなければ、選挙において誰に投票してよいかもわからないであろう。経済学もこの実学の範疇に入る。現在の貨幣経済では、人間は、生産と消費、換言するならば、企業に生産要素の一つである労働力を売り、獲得した貨幣で様々な生活に必要な財・サービスを買う。この知識は、きわめて重要である。猿と人間の区分は、人類学では、火、道具および言葉を使用するか否かであるが、経済学では、貨幣を使用するか否かである。新聞を読まれる人はすぐ気がつくであろうが、最初の数面は、政治経済面である。このことからも、実学としての経済学を学ぶ必要性と意義が存在するのである。

　後者の虚学の代表的なものとして、芸術関係の学問が存在する。私たちの生活に、音楽や絵画に関する知識がなければ、何と虚しい無機質な生活となるであろう。実学と虚学は、相互に補い合っているのではなかろうか。人間の生活は、実学だけでは成り立たないし、虚学だけでも成立しない。

○引用・参考文献

飯田経夫『経済学誕生』筑摩書房、1991年。

飯田幸裕・岩田幸訓『入門経済学』創成社、2014年。

伊藤元重『入門経済学』日本評論社、2015年。

大淵三洋編著『増訂　経済学の基本原理と諸問題』八千代出版、2013年。

奥野正寛『経済学入門』日本評論社、2017年。

嘉治元郎『経済学入門』放送大学教育振興会、1992年。

酒井泰弘『はじめての経済学』有斐閣、1996年。

高橋知也・鈴木久美『超入門経済学』ミネルヴァ書房、2014年。

千種義人『新版　経済学入門』同文舘、1990年。

中矢俊博・上口晃『入門書を読む前の経済学入門』同文舘、2017年。

第 2 章

経済学の系譜

　イギリスで起こった初期の産業革命（1760年代）と同時期に、アメリカで
は独立宣言（1776年）が発表され、イギリスではスミス（Smith, A., 1776）の
『国富論』が刊行された。こうした中、イギリスでは資本主義の確立がより
顕著なものとなり始めた。ここで、資本主義とは、生産手段を私的所有する
資本家が、賃金を見返りとして労働力を投入し、労働力を上回る価値を生み
出すことによって、売上と費用の差額である利益を追求していくシステムで
ある。マルクス（Marx, K., 1867）は、こうした利子や地代の源泉となる利益
を剰余価値として、労働者からの搾取だと批判したが、利益を生み出さなけ
れば、企業は存続できない以前に、株主や従業員をはじめとするあらゆる利
害関係者（ステークホルダー）に利益を還元できない。近年では、こうした資
本主義システムを要として、経済学だけではなく、経営学、社会学などの領
域で、様々な弊害が指摘されている。

　市場社会の起源をめぐっては、商業を重視するゾンバルト（Sombart, W.,
1911, 1912, 1913）と工業を重視するウェーバー（Weber, M., 1905, 1920）との論争
が有名であるが、両者は重商主義とスミスとの論争にまで遡ることができる。
さらに、前者は貨幣の獲得増加が物価水準だけでなく、実体経済にも影響を
及ぼす（貨幣的経済理論）と主張するカンティヨン（Cantillon, R., 1755）、後者は
貨幣の獲得増加が物価水準にしか影響を及ぼさない（貨幣数量説）と主張する
ヒューム（Hume, D., 1752）にまでも遡ることができる（貨幣数量説の創始者の一
人として、ロック〔Locke, J., 1691〕をあげることができる）。また、前者の考え方は、
マーシャル（Marshall, A., 1890）の現金残高方程式から、貨幣的要因が実体経
済に影響を及ぼすという貨幣的経済理論の立場に立つウィクセル・コネク
ション（ウィクセル〔Wicksell, J. G. K., 1898〕を創始者とする後継者）を形成してい

く一方、後者の考え方は、フィッシャー（Fisher, I., 1911）の交換方程式から、貨幣的要因が実体経済に影響を及ぼすことなく物価水準にのみ影響を及ぼすという貨幣の中立性の立場に立つ新古典派経済学、マネタリスト、ニュー・ケインジアン（長期的には承認）を形成していく。

第1節　産業革命と資本主義

1　市場社会の誕生

　産業革命以前の封建時代において、資本、労働、土地といった生産要素は、自由に売買されることはなく、土地を所有する領主による支配と土地を借りて耕作する奴隷農民による被支配との関係が続いていた。その後、16世紀から17世紀にかけて、封建制度は崩壊し始め、市場社会へと移行することとなった。すなわち、16世紀以降、イギリスでは、土地は私有化され、地代を対価として自由に売買される生産要素となったのである。一方、コロンブス（Colombo, C.）のアメリカ大陸の発見（1492）、ガマ（Gama, V. d.）の喜望峰経由のインド航路の開拓（1498）をはじめとする大航海時代、欧州各国は、諸外国へと交易網を拡大させることとなった。特に、イギリスは、株式会社の起源とされる東インド会社を通じて香辛料などを輸入する一方、貴金属の獲得をめぐって、毛織物を中心に欧州諸国に輸出してきたが、次第に他の欧州諸国も貴金属確保のために輸入を制限するようになった（重金主義）。重金主義の代表的な提唱者としては、グレシャム（Gresham, T., 1519-1579）、後の重商主義の提唱者としては、マン（Mun, T., 1571-1641）、デフォー（Defoe, D., 1660-1731）、コルベール（Colbert, J. B., 1619-1683）などをあげることができる。マンは、後に、輸入によって、「短期的に貿易赤字になっても、長期的には貴金属が純減するわけではない」（貿易差額説）と保護貿易政策を批判することとなったが、いずれにしても、貴金属を富の源泉とみなす点では変わりがない。その後、貨幣的要因が実体経済に影響を及ぼすことなく物価水準にのみ影響を及ぼすというヒュームの指摘のほか、貴金属を富とみなすべきではないと

して、特に、コルベールの重商主義政策を批判する立場から、重農主義という学説が登場することとなった。重農主義の代表的な提唱者としては、ペティ（Petty, W., 1662）、カンティヨン、ケネー（Quesnay, F., 1758）をあげることができる。ケネーは、1758年（原表）・1762年（略表）・1767年（範式）に、『経済表』を執筆し、社会を農業に基づく再生産過程ととらえ、経済主体を生産階級（耕作労働者）、地主階級（領主）、不生産階級（商工業者）に分類し、経済における再生産過程（相互依存関係）を単純明快に図解することに成功した。この図表は、後のマルクスの再生産表式やレオンティエフ（Leontief, W., 1941）の産業連関表の基礎にもなった。ケネーの『経済表』は、生産階級や富の源泉が耕作労働者や農産物に限定されたモデルであったが、生産、分配および支出を通じて循環していく再生産過程を単純明快に図解した最初のモデルとなった。一方、ケネーの『経済表』の刊行とほぼ同時期の1760年代には、イギリスではすでに産業革命が起こっており、工業こそが富の源泉であるという考え方が現実的となり始めた。

2　経済学の誕生

　こうした中、スミスは、富の源泉が貴金属や貨幣ではなく、農業よりも工業の方が生産的であると主張し、主著の『国富論』によって、経済学を初めて体系化することに成功した。すなわち、スミスは、コルベールの重商主義政策をはじめとする政府介入を批判したケネーの自由放任主義（レッセフェール）および（土地を含めて）労働こそが富の父であるという立場から『租税貢納論』を執筆したペティの労働価値説を継承することによって、古典派経済学を構築することとなった。一方、スミスにとって、生産階級は、耕作労働者ではなく資本家であり、資本家は、生産的な賃金労働者を雇用し生産を行い、その商品価値は、貴金属ではなく労働量によって決まるというものであった。また、その労働価値説は、商品価値がその商品と交換される労働量によって決まるという支配労働価値説と、商品価値がその商品の生産に投下された労働量によって決まるという投下労働価値説から構成されている。スミスによると、資本家、賃金労働者および地主によって生産された商品価値

の支配労働量は、それぞれ、利潤、賃金および地代として分配され、利潤および地代を支払うだけ、投下労働量を超過することになる。また、労働者は、財を生産する生産的な賃金労働者（肉体労働者―下部構造）と、サービスを提供する不生産的な労働者（宗教家、医師、法律家、音楽家など―上部構造）とに分類され、前者の労働とその成果（生産物）こそが、市場社会を形成する富の源泉となる。さらに、「分業」が富の生産性を飛躍的に向上させ、資本家の「利己心」の追求が、交換を促進し、市場の「見えざる手」に導かれて、政府が市場に介入せずとも、経済は自己調整的に均衡へと収束することとなる。そこでは、ホッブス（Hobbes, T., 1588-1679）とは異なり、ヒュームと同様、理性ではなく、感情によって、秩序が形成される。その根拠は、相手との立場の交換による「共感」を実現した「公平な観察者」の同意の下、他人との交流の中で自然に身についた勤勉・勤労・節約・配慮（慎慮）からなる「徳」にあり、こうした慎慮が、生産的な労働者の雇用および市場経済の発展を支えることとなった（スミスの主著の『道徳感情論』と『国富論』とでは慎慮の対象が異なる）。この点は、勤勉・禁欲・節約的な「プロテスタンティズムの精神」が、経済を活発化させたと説くウェーバーに通じるものがあり（ただし、プロテスタントの信奉者は、主に上部構造である）、後の新古典派経済学が想定する合理的な経済人モデルからは取り去られることになる。一方、スミスの労働価値説には、商品価値が支配労働量と投下労働量のどちらで決まるのかという課題が残ることとなった。

第2節　古典派経済学と新古典派経済学

1　古典派経済学

この課題に対して、リカード（Ricard, D., 1817）は、主著の『経済学および課税の原理』において、商品価値は、その商品の生産に投下された労働量によって決まるというスミスの投下労働価値説を採用した（マルクスが剰余価値説として継承・発展）。また、リカードは、資本を所有する資本家、労働を供給

する賃金労働者および土地を所有する地主に対して、それぞれ、利潤、賃金および地代が支払われていく相互関係を展開する中で、商品の交換比率における相対価格について考察した。リカードは、マルサス（Malthus, T. R.）とともに、穀物法論争や地金論争を経験する中で、投下労働価値説のほか、差額地代論、比較優位の原理（比較優位による自由貿易の利益の論証）などを展開し、スミスの残した課題を克服するとともに、古典派経済学を発展させることとなった。穀物法論争については、リカードは、穀物の輸入関税引上げ（穀物の輸入制限）に反対する穀物法反対派（自由貿易主義）の立場に立つ一方、マルサスは、穀物の輸入関税引上げ（穀物の輸入制限）に賛成する穀物法賛成派（保護貿易主義）の立場に立っている。マルサス（1820）によるリカード経済学への反論については、主著の『経済学原理』において、体系的に指摘されている。地金論争については、リカード、マルサスともに、ナポレオン戦争に伴うイングランド銀行による通貨と金・銀との兌換停止措置（1797-1821年）に反対する地金主義の立場に立っている。差額地代論については、投下される資本、労働の質量ともに同じである一方、土地は使用量に伴って劣化し、収穫量も減少していく性質（収穫逓減の法則）から、賃金、地代ともに一定のまま、賃金、地代を除いた差額地代（利潤）は消滅することになる（ワルラス〔Walras, M. E. L.〕が稀少性理論として継承・批判）。そのため、リカードは、穀物法反対派の立場から、穀物関税引下げによって、輸入穀物価格の引下げに伴う全体的な食糧品価格の引下げおよび賃金の引下げを実現し、土地使用量の抑制に伴う地代上昇の抑制を実現できるため、利潤の確保も実現できると指摘した。マルサス（1798）は、リカードとの論争以前に、主著の『人口論』において、スミスやリカードが残した課題の一つとして、資本主義の弊害の一つである貧富の格差と人口増加の悪循環の問題について、幾何級数的に増加する人口（例：5→10→20→40）と算術級数的にしか増加しない食糧（例：5→10→15→20）との調整過程によって、明快に解説した。一方、マルサスは、リカードとの穀物法論争（1813-1815年）に引き続き、過渡的恐慌（1815-1819年）を経験した。リカードをはじめとする古典派経済学や後の新古典派経済学によると、過剰生産（超過供給）は、価格の引下げによって調整され

ると仮定されているが（穀物法反対の根拠）、マルサスによると、価格の引下げは、売上の減少、利潤の減少および雇用・所得の減少を引き起こすため、有効需要が減少することになる（穀物法賛成の根拠）。そのため、マルサスは、穀物の輸入関税引上げおよび穀物価格の引上げによって、有効需要が創出され、恐慌から脱却できると主張したのである。こうした考え方は、後のケインズ（Keynes, J. M., 1936）の「有効需要の原理」に影響を与えることとなった。

ミル（Mill, J. S., 1843）は、経済学者である以前に、社会学の創始者であるコント（Comte, A., 1830-1842）の社会学および方法論をスペンサー（Spencer, H., 1862, 1864-1867, 1876-1896）に伝承するほどの哲学者でもあり、ミルの経済学は、こうした思想に大きく影響を受けている（『論理学体系』）。ミル（1848）は、主著の『経済学原理』において、土地の劣化に伴う収穫逓減の法則に従う「生産」と賃金、地代の上昇による利潤の減少を伴う人為的な「分配」とを分離させることによって、富や人口の停止状態を展開し、こうした状況（生産的・経済的な進歩の限界）に到達したときにこそ、道徳的・人間的な進歩の実現に到達することができると指摘した。ミルは、生産と分配および分配と交換を分離させることによって、生産、分配および交換から構成される古典派経済学の体系を改変させることとなった。

2 社会主義学派経済学

その後、スミス、リカード、マルサス、ミルを中心としたイギリスの古典派経済学の後退期の19世紀後半に、ドイツでは、歴史学派による独自の経済理論が展開される一方、資本主義システムを根底から覆そうとするマルクスを中心とした社会主義学派が登場することとなった。マルクスは、ミルが主著の『経済学原理』を刊行した年に、エンゲルス（Engels, F.）とともに、『共産党宣言』を刊行し、欧州諸国における資本家による労働者からの搾取に対抗すべく政治・革命運動に参画したのである。マルクス（1867）は、主著の『資本論』第1巻第1部「資本の生産過程」において、リカードの投下労働価値説を継承し、利潤発生のメカニズムを加えることによって、これまでの投下労働価値説の限界を補完することとなった。また、マルクスは、労働力

を商品としてとらえることによって、生産、分配および支出からなる再生産過程の中で発生する利潤を剰余価値ととらえ、資本主義システムの問題・本質に迫ることとなった。この剰余価値は、固定賃金の下での労働時間の延長によって発生し、労働力の使用価値が交換価値を上回ることであり、生産手段を私的所有する資本家（需要側）にとっては、過剰収入（価値の増殖）となる。一方、労働力の供給によってのみ生存可能な賃金労働者（供給側）にとっては、過剰支出（剰余価値の搾取）となる。すなわち、供給側にとっては、自由契約に基づく市場成立ではなく、強制契約に基づく市場不成立ということになる。次に、マルクスは、一般的受容性という貨幣の特殊な機能によっても、資本主義の崩壊を危惧した。ヘーゲル（Hegel, G. W. F., 1821）左派の影響を受けたマルクスは、資本主義において、商品は特別な力をもつものとして崇拝・物象化・物神化され、労働者自身が生産した商品によって支配されるという「疎外論」を展開することとなった。特に、特殊な商品の一つとしての貨幣には、交換を円滑にする媒介物としての交換手段機能、価値を一定に維持する安全資産としての価値貯蔵手段機能があるため、売りと買いの分離に伴う将来の不確実性に備えた貨幣の超過需要（消費や投資の減退）によって、不況や恐慌は深刻化することになる。一方、新技術の導入など、資本家による労働節約型のイノベーション（負の側面）によって、機械との競争を余儀なくされた労働者は失業者として「産業予備軍」となり、利潤の低下と恐慌の悪循環の中で、巨大企業の出現とともに大衆は窮乏化することになる。マルクスの指摘は、一部的中し、レーニン（Lenin, V. I., 1917）やカウツキー（Kautsky, K. J., 1905-1910）などの後継者を残す一方、不況や恐慌の深刻化は、資本主義を崩壊させるには至らなかった。リカードの指摘についても、19世紀後半は、長期の不況を経験するも、全体的には利潤率の低下もなく、不況や恐慌の深刻化は資本主義を崩壊させるには至らなかった。

3　新古典派経済学

　こうした中、1870年代には、ジェヴォンズ（Jevons, W. S., 1871）、メンガー（Menger, C., 1871）およびワルラス（1874-1877）によって、古典派経済学に対

する革命（限界革命）が引き起こされることとなった。リカードもマルクス
も、商品価値は、生産に投下された労働量によって決まるという因果関係に
よる投下労働価値説を展開していたが、ジェヴォンズ、メンガーおよびワル
ラスは、共通に、現実の価格は、商品を消費する際の「追加的な最後の1単
位の満足度」（限界効用）、さらには、商品の利用価値よりも稀少価値として
の「稀少性」によって決まるという（限界）効用価値説を提唱することと
なった。スミス（1776）の「水とダイヤモンドの例」では、一定量以上の水
の利用価値はダイヤモンドの利用価値よりも圧倒的に高いが、最後の1滴
（単位）の水の利用価値は最後の1欠片（単位）のダイヤモンドの利用価値と
同様に低い。一方、最後の1欠片（単位）のダイヤモンドの稀少価値は最後
の1滴（単位）の水の稀少価値よりも圧倒的に高い。

　このように、価値の源泉は、総量だけでなく限界量、生産だけでなく消費
にも依存するという発見によって、限界革命は、商品価値と現実の価格との
関係をより明確にさせることとなった。ここで、ワルラスの独自性は、現実
の価格が限界効用や稀少性だけでなく、商品市場や労働市場など、あらゆる
市場における需給関係の相互依存関係によって決まるとした点（一般均衡理
論）にあり、部分均衡理論を展開したマーシャルと並んで、現代の主流派経
済学（ミクロ経済学）の基礎を形成することとなった。

　このように、古典派経済学や社会主義学派経済学が採用した因果関係とし
ての労働価値説は、因果関係としての効用価値説、さらには、全体的な相互
依存関係としての一般均衡理論、あるいは、部分的な相互依存関係としての
部分均衡理論へと転換することとなった。一方、ワルラスの『純粋経済学要
論—社会的富の理論—』では、流通・貨幣のない（前に）交換、資本形成・
信用創造のない（前に）生産・企業者、生産・企業者のない（前に）交換の理
論が解説されているため、交換を円滑にして価値を一定に維持する「貨幣」
や取引コストを負担して利潤を生み出す「企業」の存在理由はない。また、
ワルラスの一般均衡理論は、競売人（架空の市場管理者）が市場を完全に均衡
へと導く静態かつゼロ利潤の定常的均衡状態であり、貨幣や企業の存在理由
はない。一方、マルクスの資本主義論は、企業家や銀行が市場を不完全にし

か均衡へと導かない動態かつプラス利潤の動学的不均衡状態であり、貨幣や企業の存在理由はある。こうした非現実的なワルラスの市場観に対して、マーシャル (1890) は、『経済学原理』において、短期や長期といった時間の概念を取り入れることによって、時間が非常に短いため、生産量も資本量も変化しないと仮定することによって、現実の一部を考察対象とし、貨幣や企業の存在理由を見い出すこととなった。ワルラスの市場観は、価格変化に対する需要の反応が対称的な完全情報の下、競売人が取引者を無償で均衡価格での取引へと導く高度に組織化された同質的な単一市場を想定するものである。すなわち、ワルラスの市場観は、需給の不均衡が価格によって調整（ワルラス調整過程）される自己調整的な市場であり、貨幣や企業の存在理由のない非現実的なモデル分析に適している。一方、マーシャルの市場観は、価格変化に対する需要の反応が非対称的な不完全情報の下、生産者と消費者との間を仲介する中間商人（取引者）が商品在庫を蓄積し、対価を求めて取引コストを負担し、利潤を生み出す不規則で不完全にしか組織化されていない異質的な分離市場を想定するものである。すなわち、マーシャルの市場観は、需給の不均衡が生産数量によって調整（マーシャル調整過程）される自己調整的ではない市場であり、貨幣や企業の存在理由のある現実的な事例分析に適している。マーシャルは、『経済学原理　第1分冊』で個別企業、代表的企業、1919年刊行の『産業と商業　第2分冊』で中間商人といった企業概念、また、1923年刊行の『貨幣信用貿易　第1分冊』で貨幣の機能など、現実的な概念を解説しているが、当時は、所有と経営の分離は進んでおらず、貨幣は存在するも、企業については、中小企業を想定するものであった。一方、マーシャルは、『貨幣信用貿易　第1分冊』で貨幣量の変化が物価水準にしか影響しないとしつつも、フィッシャー (1911) の交換方程式 $MV = PT$（M は貨幣数量、V は流通速度、P は物価水準、T は取引量）の T を y（生産量・実質所得）、V を k（流通速度の逆数）とし、現金残高方程式 $M = kPy$ に変換することで、Py は名目所得、k は取引動機に基づく貨幣保有の名目所得に対する比率（マーシャルの k＝ウィクセルの平均休息時間）とし、貨幣数量説を古典派の二分法から貨幣的経済理論へと転換させることとなった。すなわち、取引需要は所得に

依存するため、商品に対する需要の制約も価格ではなく、所得ということになる。そのため、マーシャルの現金残高方程式では、労働市場の超過供給（非自発的失業）が、商品市場の超過需要によって相殺、すなわち、物価水準の低下に伴う実質残高の増加が、商品需要を刺激すること（実質残高効果＝ピグー効果）にはならない。

このように、マーシャルの現金残高方程式は、貨幣的経済理論、ウィクセルの「不均衡累積過程」、ケインズの「有効需要の原理」へも通じることとなり、均衡理論に留まるものではない。そのほか、マーシャルは、内部経済、外部経済、余剰分析、弾力性などの重要な概念を残す一方、マンキュー（Mankiw, N. G.）やクルーグマン（Krugman, P. R.）などのニュー・ケインジアンに影響を与えた厚生経済学の創始者であるピグー（Pigou, A. C., 1920、主著の『厚生経済学』）を後継者として残すこととなった。

第3節　ケインズ経済学とケインジアン

1　大恐慌とケインズ経済学

ピグーの想定する市場観は、自己調整的であり、労働市場の超過供給は、賃金切下げ（価格調整）によって解消される、すなわち、伸縮価格の下で、完全雇用が実現されるというものであった。一方、ケインズの市場観は、自己調整的ではなく、労働市場の超過供給は、賃金切下げによって解消されない、すなわち、周期的な賃金切下げは現実的ではなく、所得、消費および売上の減少によって、さらなる失業が発生するというものであった。

1840年代から1920年代にかけて、株式会社では、企業規模の拡大に伴う株式の分散によって、株主の持ち株比率が薄められ、次第に大株主が消滅していく中、所有者（出資者）ではない専門経営者が経営を行うようになった（所有と経営の分離）。また、企業規模の拡大に伴う株式の分散によって、持ち株比率が薄められた小株主の支配力は弱められ、所有と経営の分離は所有と支配の分離をも引き起こすようになり、こうした現象は、バーリ＝ミーンズ

(Berle, A. A. and Means, G. C., 1932) によって実証されることとなった。こうした中、市場は寡占化され、巨大企業が出現する一方、株式が資産として所有され、証券市場は高度に組織化されるようになった。一方、企業は、規模の経済によって、1単位あたりの生産コストを削減させ、売上と費用の差額である利益を生み出さなければ、激しい市場競争から淘汰されるようになった。そのため、企業は、より多くの出資者から資本を集めることによって、意思決定の統一を維持しながらも、規模を拡大していかなければならない。株式会社というシステムにおいては、少額の有価証券を発行する資本の証券化によって、企業は世界中に分散された出資者から多額の資金を調達し、証券会社を通じた出資者同士の自由な持分譲渡制によって、出資金の返却を迫られず、出資者は出資者全員の有限責任制によって、出資額を超えた負債の返却を迫られず、株主総会、取締役会および監査役といった株主保護の仕組みによって、形式的には、出資者が安全に投資を行うことのできる仕組みが整備されている。

　その後の1920年代は、アメリカへ投機目的の資金が大量に流入することによって、投機熱は次第に激しくなり、実体のない株価が高騰し始めた。そして、群集心理に影響された株式投資によって株価は高騰し、1929年には、4500万人もの雇用を潤す好景気が頂点に到達することとなった。一方、同年8月の連邦準備制度（FRB）による金利引上げ、翌9月のイングランド銀行による金利引上げによって、資金は、アメリカからイギリスへと次第に流出し始めた。そして、翌10月には、ゼネラル・モーターズ（GM）の株価暴落に端を発した世界的な株価暴落に引き続き、1400万人もの労働者が失業するという大恐慌に陥ることとなった。こうした中、ケインズ (1936) は、取引動機、予備的動機および投機的動機に基づく貨幣需要によって、消費や投資（総需要）が不足したままでは、たとえ、賃金が切り下げられても、労働市場の超過供給が解消されることはなく、政府による積極的な市場介入（有効需要の創出と乗数効果を伴う財政・金融政策）なくして不況を脱することはできないと考えるようになった。ここで、乗数効果とは、有効需要の増加額を上回る国民所得の増加額を伴う効果のことである。こうして、ケインズは、主著の

『雇用・利子および貨幣の一般理論』（以下、『一般理論』）において、古典派の第二公準（労働供給理論）を否定するとともに、供給が需要を決定するという「セイの法則」を覆す一方、需要が供給を決定するという「有効需要の原理」を提唱することとなった。『一般理論』における今一つの大きな論点としては、「流動性選好説」があるが、この理論に従うと、利子率は、貸出金利ではなく、預金金利（長期国債利子率）となり、利子率は、フローとしての貸付資金供給（貯蓄）と貸付資金需要（投資）ではなく、貨幣と（株式を含む）債券からなるストックとしての資産需要と資産供給によって決定されることになる。すなわち、貨幣と債券との資産選択によって利子率（預金金利）が決定され、その利子率（貸出金利）によって貯蓄と投資、総需要と総供給が一致するように国民所得が決定されることになる。また、投資は、資本の限界効率（投資の追加的な収益率）が利子率（貸出金利）と等しくなる直近上位まで行われることになるため、投資関数は、利子率（貸出金利）が低下すればするほど投資量が増加する減少関数になる。ここで、ケインズの資本の限界効率は、資金需要を左右する要因で、利子率（貸出金利）に対して移動することによって貯蓄と投資を調整する利子率であるため、資金供給を左右する要因で、実体経済に対して不動かつ流動性選好説に基づく利子率（預金金利）とは異なる。一方、ウィクセルの利子率（貸出金利）は、資金需要を左右する要因で、（貯蓄と投資を均衡させる）自然利子率に対して移動することによって貯蓄と投資を調整する利子率であるため、資金供給を左右する要因で、物価に対して不動かつ貸付資金説に基づく自然利子率（実質金利）とは異なる。

ケインズの資本の限界効率とウィクセルの自然利子率は両立可能であるが、利子率が、資産需給によって決定されるのであれば、貨幣的要因が実体経済に影響を及ぼすという貨幣的経済理論の立場に立つウィクセル・コネクションからは逸脱することになる。

2　新古典派総合によるミクロ的基礎づけ

このように、ケインズは、古典派の教義である「セイの法則」を覆し、需要面からの分析によって市場体系の不安定性を強調し、自己調整的なミクロ

経済学とは異なるマクロ経済学を構築することとなった。一方、「有効需要理論」はマクロ経済学であるため、ケインズは、市場における家計や企業といった各経済主体の行動や価格メカニズムとの関連でそれを論じたわけではなかった。また、交換・取引は、各経済主体の間で行われるため、交換手段機能としての役割を果たす貨幣、あるいは、取引コストを負担して利潤を生み出す企業の説明は、マクロ経済学ではなくミクロ経済学でなければならない。そこで、ヒックス (Hicks, J. R.)、サミュエルソン (Samuelson, P. A.)、パティンキン (Patinkin, D.) といった新古典派総合は、ケインズのマクロ経済学とワルラスのミクロ経済学との統合を試みた。

　しかしながら、新古典派総合は、ケインズの貢献は、「貨幣賃金が硬直的であれば、市場が完全雇用均衡へ復帰しない（自己調整機能が働かない）と指摘した点」であるとみなした。すなわち、ワルラスのミクロ経済学とケインズのマクロ経済学とでは、貨幣観（貨幣量の変化が、実体経済に影響しないベールであるか、そうでないか）も均衡への自己調整能力（自動的に均衡へ到達するのか、それとも政策によって到達するのか）も異なるため、ワルラスのミクロ経済学では、ケインズのマクロ経済学の一貫したミクロ的基礎づけとはならないのである。そこで、クラウアー (Clower, R. W., 1965, 1967) は、「二重決定仮説」や「二分化された予算方程式」などの補助仮説を提示することによって、伸縮価格の下での不均衡を論証し、ワルラスの「一般均衡理論」を修正することとなった。すなわち、クラウアーは、家計部門の財需要に対する制約を価格ではなく、実現された労働供給（所得）とすることによって、労働市場の超過供給から財市場の超過供給（有効需要の失敗）を導き、ケインズのマクロ経済学（特に、「消費関数」）のミクロ的基礎づけを家計部門から部分的に行ったのである。その後のクラウアーは、フローとしての所得制約にストックとしての貨幣残高制約を加えることによって、「二重決定仮説」を「二分化された予算方程式」に修正することとなるが、依然として、家計部門の所得制約に固執したまま、マクロ的な総需要曲線を描くには至っていない。そこで、パティンキン (1965) は、財市場の超過供給から労働市場の超過供給を導き、企業部門の労働需要に対する制約を賃金ではなく、実現された財供給（売上）と

することによって、ケインズのマクロ経済学（特に、「非自発的失業」）のミクロ的基礎づけを企業部門から部分的に行ったのである。

しかしながら、財需要が減退して、労働の超過供給が起こっても、価格が下落すると、「実質残高効果」によって、実質所得は増加し、財需要、完全雇用が回復するため、「貨幣理論」と「価値理論」の二分化を否定し統合することにはなったが、依然として、「一般均衡理論」と同様の自己調整的な市場体系となってしまうのである。その後の後継者によっても、同様の理論的枠組み（協調問題を価格調整機能に還元）が取られることとなった。

3　ポストケインジアンによるミクロ的基礎づけ

これに対して、クラウアー（1996, 2000）は、ホーウィット（Howitt, P.）とともに、従来の単純な生産関数、費用関数および利潤最大化からなる企業理論の抜本的な修正を行うこととなった。すなわち、クラウアー＝ホーウィットは、費用面から企業の存在理由を問い直した新制度学派に対して、利潤面から企業の存在理由を問い直すことによって、企業の側面からマクロ経済学のミクロ的基礎づけを行ったのである。一方、クラウアー＝ホーウィットの想定する企業は、マーシャルと同様に、中小企業のみであり、価格も、費用で決まる価格ではなく、需要で決まる価格である。また、資金調達についても、市場を創出する対価として、利潤を得るための価格調整であり、基本的に、価格は需要によって決定される。さらに、貯蓄主体は、主として家計部門であり、企業による内部資金調達は一般的ではない。ここで、アイクナー（Eichner, A. S., 1976）は、需要で決まる価格と費用で決まる価格とを区別したカレツキ（Kalecki, M., 1939, 1943, 1954, 1971）のマークアップ価格理論（価格設定＝可変費用〔変動費用〕＋粗利潤）を踏襲し、価格支配力を有する寡占的巨大企業が貯蓄者となり、投資資金を獲得するために、諸価格を設定し、内部資金の供給（内部留保）を行い、内部資金の需要（内部資金調達）を通じて、投資を行うことを明らかにした。また、アイクナーは、投資決意が、集計的需要を決定し、国民所得水準を決定（マクロ経済学との結び目）する一方で、寡占的部門、産業全体の価格水準を決定（ミクロ経済学との結び目）することも明らかに

した。この点は、クラウアーにも、ケインズにもない独自の企業観であり、ケインズのマクロ経済学のミクロ的基礎づけを示唆するものである。

第4節　経済学から経営学へ

1　資金調達との関係

　寡占的巨大企業が支配的な現代の経済において、企業の経営は、出資者と分離した経営者によって行われ、企業は世代を超えて永続的に存続する必要があるため、経営者は長期的な成長率を最大化するように行動する。すなわち、寡占的部門における諸価格は、短期的利潤を最大化するように設定されるのではなく、価格設定者（プライス・メイカー）としての寡占的巨大企業が、長期的成長率を最大化するために必要な投資資金を獲得できるように設定されるのである。また、アイクナーの価格設定モデルの新しさは、価格設定決意と投資決定決意との連関にある。アイクナーによると、寡占的巨大企業は、「キャッシュフロー」（内部留保＋減価償却費）に加えて、「研究開発費」「広告宣伝費」および「同様の諸手段に経常的に支出されるものすべて」を含んだ「企業賦課金」を引き出すように価格設定を行う。プライス・メイカーは、可変費用、固定費用および企業賦課金のいかなる増大をもカバーするように、価格を設定することができる。その際には、債券や証券（債権者や株主）に対して支払わなければならない利子や配当といった事後的な外部資金調達コスト以外に、代替効果、参入要因、政府介入といった内部資金調達コストが発生する。すなわち、それは、プライス・メイカーとしての寡占的巨大企業が、追加的な投資資金を内部的に獲得するために、自身の純収入の一部を外部資金市場に投資する（供給する）のではなく、それを自社の事業に使用するために再投資する（留保する）際に被る実質費用である。寡占的巨大企業は、この内部資金調達コストを外部資金調達コストや資本の限界効率とも比較することによって、価格設定を行うのである。

　このように、アイクナーは、企業面からケインズのマクロ経済学のミクロ

的基礎づけを行うこととなった。しかしながら、それは、あくまでも、価格競争を行わない寡占的巨大企業が資金調達を行うというものであり、こうした企業自体が、イノベーションを行うということを指摘していない。

2　イノベーションとの関係

これに対して、ボウモル（Baumol, W. J., 2002）は、企業が、内部資金調達によって、投資資金を賄うだけでなく、イノベーションをも引き起こすことを指摘している。また、ボウモル（2010）は、主流派の企業理論へ企業家精神、企業家、発明家および経営者を導入するための枠組みを提案している。すなわち、ボウモルは、経済成長に対して、革新的な企業家の重要性を反映する新しいミクロ経済学の基礎を構築しようとしている。確かに、ボウモル（2002）は、企業が、投資を行うだけでなく、イノベーションをも引き起こすことを指摘しているが、資金調達については、ポートフォリオの一つに過ぎず、投資や研究開発を行うための資金調達ではない。すなわち、企業は、イノベーションに向けた投資のための資金調達コスト、あるいは、サンクコスト（イノベーション費用の大部分を占める過去の埋没支出—その大部分はイノベーションのための研究開発投資）を回収するために、差別的な価格づけを採用するが、企業は、自ら価格を設定するプライス・メイカーではなく、市場条件によって割り当てられた差別的な価格、あるいは、市場圧力によって強いられた競争的な水準とは異なる価格を採用する価格支配力のない価格受容者（プライス・テイカー）である。また、イノベーションを遂行する主体は、革新的な大企業である。マルキール（Malkierl, B. G., 2007）は、ボウモル（2007）が指摘するように、企業のイノベーションは、大企業によってのみ遂行されるわけではないことを指摘している。シュンペーター（Schumpeter, J. A., 1912）は、イノベーション（新結合の遂行）をモノや力の結合の変更と定義づけ、新結合の5つのケースとして、1. 新しい製品の生産（プロダクト・イノベーション）、2. 新しい生産方法の導入（プロセス・イノベーション）、3. 新しい販売市場の開拓（マーケティング・イノベーション）、4. 新しい原材料供給源の獲得（サプライチェーン・イノベーション）、5. 新しい組織の実現（組織イノベーション）をあげている。

また、シュンペーターは、新結合の遂行者としての企業家と生産手段の所有者としての資本家（経営管理者）とを区別し、企業家は、資金の提供者としての銀行家を仲介役として、資金調達を行い、イノベーションを引き起こすと指摘している。確かに、シュンペーターは、イノベーション概念を定義づけることとなったが、イノベーションを体系化した後継者は、経営学者のドラッカー（Drucker, P. F., 1985）である。

3　競争戦略との関係

シュンペーターのイノベーション論をマクロ経済学のミクロ的基礎づけの一環として継承したボウモルのほか、動学的な競争戦略の一環として継承した後継者としては、ネルソン＝ウィンター（Nelson, R. R. and Winter, S. G., 1982）、ティース（Teece, D. J., 1997, 2007, 2009）が代表的である。ティースは、ポーター（Poter, M. E., 1980）を中心とするポジショニング・アプローチとワーナーフェルト（Wernerfelt, B., 1984）やバーニー（Barney, J. B., 1986）を中心とする資源ベース・アプローチからなる競争戦略論を動学的かつ相互補完的に発展させたダイナミック・ケイパビリティ・アプローチによって、持続的な競争優位の可能性を提示した。すなわち、ティースは、急速に変化する環境の下では、事業機会・脅威の感知（Sensing）、感知した事業機会・脅威をとらえる捕捉（Seizing）、そして、組織、組織内外の資源・ケイパビリティ（企業内部の経営資源を組み合わせたり、活用したりすることを可能にする能力）の体系的な変革・再配置（Transforming Reconfiguring）を実行しなければ、持続的な競争優位を実現できないと指摘している。また、ティースは、組織が、資源を再配置し組織を大胆に変革できるような経営者の裁量を保証するようなコーポレート・ガバナンスも示唆している。

このように、ボウモルやティースは、イノベーションやコーポレート・ガバナンスを要として、経済学から経営学へと議論を展開している。特に、ティースは、日本的経営特有の戦略およびコーポレート・ガバナンスがイノベーションに影響を及ぼす可能性を示唆している。

コラム：資本主義の行き過ぎとその弊害

　経済学説史上のマルサスやマルクス、シュンペーター、社会学説史上のウェーバーやブリュデュー（Bourdieu, P., 1979）、デュルケム（Durkheim, É., 1897）だけでなく、近年では、経済学者のジェンセン（Jensen, M. C., 2005）やピケティ（Piketty, T., 2013）、心理学者のポラック（Pollak, S., 2015）などによって、資本主義の弊害についての問題が議論されている。たとえば、資本主義の行き過ぎは、経済的・文化的な環境の格差と教育の格差との悪循環、また、社会的連帯の弱さや不安、ストレスなどを原因としたうつ病や自殺の問題、さらには、会社経営者の暴走や不祥事を伴う短期利益追求型株主資本主義といった問題を引き起こしてしまうことがある。一方、会社は、利益を生み出さなければ存続できないため、会社の周りのステークホルダーに利益を還元できない。そもそも、会社は、株主だけのものではなく、従業員をはじめ、顧客や地域社会などのあらゆるステークホルダーのものである。また、会社は、ステークホルダーとの良好な関係を維持するだけでなく、規模も大きくしていかなければならない。資本主義の是非はともかく、会社は、世代を超えて永続的に存続していく永続企業体（ゴーイング・コンサーン）でなければならないからである。

○引用・参考文献

井原久光『テキスト経営学（第3版）―基礎から最新の理論まで―』ミネルヴァ書房、2008年。

高橋泰蔵『貨幣的経済理論の新展開』勁草書房、1948年。

中山靖夫『貨幣経済の分析』東洋経済新報社、1992年。

根岸隆『ワルラス経済学入門―「純粋経済学要論」を読む―』岩波セミナーブックス15、1985年。

松原隆一郎『経済思想』新世社、2001年。

Eichner, A. S., *The Megacorp and Oligopoly : Micro foundations of Macro Dynamics*, Cambridge University Press, 1976.（川口弘監訳『巨大企業と寡占―マクロ動学のミクロ的基礎―』日本経済評論社、1983年。）

Hicks, J. R., *The Crisis in the Keynesian Economics*, Basil Blackwell, Oxford, 1974.（早坂忠訳『ケインズ経済学の危機』ダイヤモンド現代選書、1977年。）

Marx, K., *Capital : a critique of political economy, Volume I : The Process of Production of Capital*（*Das Kapital : Kritik der politischen Oekonomie : Der*

Produktionsprocess des Kapitals), 1867.（今村仁司ほか訳『資本論　第 1 巻　上』筑摩書房、2005 年。）

Smith, A., *An Inquiry into The Nature and Causes of The Wealth of Nations*, 1776. （山岡洋一訳『国富論―国の豊かさの本質と原因についての研究―』日本経済新聞出版社、2007 年。）

Walras, M. E. L., *Éléments d'économie politique pure ou théorie de la richesse sociale,* Paris et Lausanne, 1874-1877.（久武雅夫訳『純粋経済学要論―社会的富の理論―』岩波書店、1983 年。）

第 3 章

家計の消費行動

第1節　経済学における消費論の地位

　本章では、経済を構成する家計の行動を考察することにする。経済主体である家計は、以下のように、様々な経済活動を行っている。企業に労働や資本等の生産要素を供給して、賃金・報酬や利子・配当などの所得を受け取る。受け取った所得で、消費や投資を目的として財・サービスを購入する。また、所得を消費せず、貯蓄を行う。

　家計が消費活動を行う財・サービス市場は、経済を構成する主たる市場の一つである。この市場において、企業が生産主体であるのに対して、家計は消費主体である。そこで、本章では、家計の消費行動を分析することをその目的とする。

　生産論に代わり、消費論が経済学において中心的位置を占めるようになったのは、1870年代の「限界革命」以後である。限界革命とは経済学の歴史上、「ケインズ革命」（Keynesian revolution）と並び称せられる理論上の革命といえる。オーストリアのメンガー（Menger, C.）、イギリスのジェヴォンズ（Jevons, W. S.）、スイスのワルラス（Walras, M. E. L.）によって、ほぼ同時代に提唱された経済学のこの分析方法は、限界革命以前の労働や生産費によって、商品価値を客観的に説明するものとは異なり、その商品に対する消費者のもつ主観的価値判断を重視する点が大きな特徴である。彼らの主張によると、財・サービスは、消費するために生産されるものであり、消費こそが目的であり、生産は手段に過ぎず、消費が前提とされなければ、生産行動はなされない。この意味で主権を握っているのは、生産者でなく、消費者である（消費者主

権）。

　こうした考え方に対して、表面上はともかく、実質的な主権者は生産者であるとする学者も存在する。たとえば、シュンペーター（Schumpeter, J. A.）は、人間の新しい欲望というものは生産者によって教え込まれるものであって、消費者の心の中に自然に新しい欲望が生まれ、生産者側がそれに適応するわけではないとする。さらに、ガルブレイス（Galbraith, J. K.）は、生産者は自己の収益を考えて製品を生産し、その後に、ラジオやテレビなどの広告媒体を使用して消費者の欲望を喚起するとして、これを依存効果（dependence effect）と説明する。

　確かに、短期的に考えれば、消費者の行動がある程度、生産者の行動に依存していたり、従属しているといえないことはないが、生産者も、生産を行う以前に消費者がどのような財・サービスを必要としているかという市場調査などを行うであろう。このように考えてみるならば、消費者の意向を完全に無視することはできない。そして注意すべきことは、経済学で取り扱うところの人間は、経済原則に従って行動をする「経済人」（homo economicus）ということである。

　このような理由により、消費者の合理的な経済行動の分析をする消費論は、生産論、分配論とともに経済学において、大きな地位を占めることになったのである。

第2節　限界効用の理論

1　効　　用

　財・サービスには、人間の欲望を満たす性質がある。この財・サービスのもつ人間の欲望を充足させる能力のことを効用（utility）という。消費者行動に経済原則を適用して考えるならば、消費者は獲得した貨幣によって、最大の効用を獲得するように、財・サービスを購入するはずである。

2 総効用と限界効用

　財・サービスの効用とは、消費を行った際に、消費者が得ることのできる満足度のことである。効用について、総効用（total utility）と限界効用（marginal utility）を区別することは重要である。総効用とは、消費者が一定期間に財・サービスの消費をすることによって得られる効用の合計をいう。それに対して限界効用とは、消費者が一定期間にその財・サービスの消費量を増加させた場合、その最終単位（限界単位）の増加によって付け加えられる効用の増加分をいう。

　極端な例ではあるが、ある個人が何日も食事をせず、非常に空腹な状態にあるとしよう。そしてその空腹を満たすために、何らかの方法によってパンを手に入れることができたとしよう。パンを獲得する以前は、総効用はゼロである。次に、ようやく手に入れた最初のパンを消費した場合はどうであろう。この場合、1単位目を消費した場合の総効用と限界効用の大きさは一致する。なぜならば、この場合の消費量であるパン1単位は、消費の合計量であると同時に、付加された消費の最終単位でもあるからである。この効用の大きさは数値によって、仮に10と示すことが可能であるとしよう。その人間がパンの消費量を2単位、3単位、4単位というように増加させるならば、総効用と限界効用はどのように変化するであろうか。通常、2単位、3単位とパンの消費単位を増加させるに従って、その付加される単位の食欲を満たす能力は減っていくであろう。なぜならば、1単位目のパンを消費することにより、消費量ゼロの状態よりも空腹が大いに満たされることになる。そして、2単位目のパンを消費することにより、その空腹はより満たされるが、この充足感は、消費量をゼロから1に増加させたときのものと比較すると、小さいと思われる。そして、パンの消費量をさらに増加させていくと、いつかはパンに対する欲望は限界に達し、それ以上の消費量の増加は、その消費者に苦痛を与えるようになる。すなわち、負の効用を人間に与える。

　このように考えていくと、ある個人のパンの効用は表3-1のように示せる。この表においては、2単位目のパンから得られる限界効用は6であり、

表3-1　パンの効用表

消費単位＼効用	0	1	2	3	4	5	6	7	8	9	10
限界効用	0	10	6	4	3	2	1	0	-1	-2	-3
総効用	0	10	16	20	23	25	26	26	25	23	20

　2単位パンを消費した場合に得られる効用の合計である総効用は、1単位目のパンの限界効用10と2単位目のパンの限界効用6を加えて16となる。3単位目のパンの限界効用は4で、総効用は20である。4単位、5単位とパンの消費量を増加させるに従って、限界効用の値は減っていき、7単位目のパンはまったく限界効用がなくなり、8単位目からは、それ以前と反対に負の効用を発生させることになる。

3　限界効用逓減の法則

　表3-1の限界効用を図にすると図3-1のような右下がりの限界効用曲線を描くことが可能である。パンの消費量を増加させるに従って、その付加されるパンから得られる限界効用の値は減少している。このように、ある一定期間中に消費される財・サービスの数量が増加するにつれ、その財・サービスから得られる限界効用の大きさは逓減する。これを限界効用逓減の法則（ゴッセンの第一法則、law of diminishing marginal utility）という。

　ここで注意しなければならないのは、この限界効用逓減の法則が妥当するのは、人間の趣味や嗜好の変化を考慮しない短期に限定されるということである。たとえば、長期を考えると、習

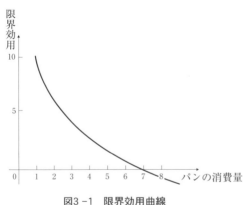

図3-1　限界効用曲線

慣性をもつ煙草、アルコールに対する消費は、限界効用逓減の程度を弱める可能性がある。また、限界効用逓減の程度は、個人によって、また財・サービスの種類によって異なる。たとえば、ある個人にとって、米やパンのような生活必需品は、限界効用逓減の程度は大きく、金、ダイヤモンドなどの奢侈品は、限界効用逓減の程度は比較的緩やかである場合がある。

4　限界効用均等の法則

　ここまでの議論では、パンという一種類の財を例にあげて、消費者がその消費量を増加させた場合を考えたが、現実には、人間の欲望を満たす財・サービスが一種類だけであるということはない。財・サービスは多数あり、使用できる所得（予算）には限度がある。そこで各経済主体は、自己の所得の範囲内において自己の欲望を最大限に満たすように、購入する財・サービスの種類とその数量を決定すると仮定しよう。この場合、消費者行動の基礎となるのが、限界効用均等の法則（ゴッセンの第二法則、law of equimarginal utility）である。

　具体的にⅠ、Ⅱ、Ⅲ、Ⅳ、Ⅴという5つの財が存在し、その価格は各財とも1単位1000円で、所得は1万5000円であるとしよう。そして、その5つの財の限界効用の大きさは表3-2で示されるものとする。ここで消費者が最大の満足を得ようとして行動した場合、どのような財の購入方法を選択するであろうか。所得で購入可能な財の数量は15単位であるが、その15単位の財の購入方法は数多く存在する。しかしながら、総効用を最大にする購入方法はただ一つしかない。すなわち、Ⅰ財を5単位、Ⅱ財を4単位、Ⅲ財を3単位、Ⅳ財を2単位、Ⅴ財を1単位購入した場合に総効用の値は110となり最大となる。

　以上のことから理解できることは、消費者が各財から得られる限界効用の大きさが等しくなるような財の購入方法を選択した場合に、

表3-2　財の限界効用表

効用 ＼ 財の種類	I	II	III	IV	V
1	10	9	8	7	6
2	9	8	7	6	5
3	8	7	6	5	4
4	7	6	5	4	3
5	6	5	4	3	2
6	5	4	3	2	1

総効用の大きさは最大になるということである（例では、限界効用 6 で等しい）。これが限界効用均等の法則である。そして、消費者の所得、各財の価格、各財の限界効用の値が変化しない限り、これ以上の変化は発生しない。この状態を消費者均衡という。

さらに、この例では各財の 1 単位の価格は1000円で同一であるとしたが、限界効用の値が財の種類によって異なるように、各財の価格も異なっているというのがより現実的な状況であろう。この場合には、消費する各財について、貨幣 1 単位あたりの限界効用の大きさを意味する加重限界効用が等しくなった場合、消費者均衡が成立する。

第 3 節　無差別曲線の理論

1　効用の基数的測定と序数的測定

これまでの限界効用逓減の法則と限界効用均等の法則の説明には、暗黙的な前提があった。つまり、効用の大きさが、物の重さや長さのように、客観的に測定できるとしてきた。その結果、 1 単位目のパンの限界効用が10で、 2 単位目のパンの限界効用が 6 と表現できたわけである。また、Ⅰ財の 3 単位目の限界効用が 8 で、Ⅱ財の 2 単位目の限界効用も 8 であるといったように、異なる財の限界効用を比較可能であった。このような効用の測定方法は基数的測定と呼ばれる。しかしながら、現実に、基数的測定が可能であり、それをもとに、消費者が多種類の財をどのように組み合わせて消費するかを考察することには、無理がある。効用の基数的測定が不可能であるとすると、この効用概念を中心にして展開されてきた限界効用理論も意味のないものとなってしまう可能性がある。

効用を客観的に測定する基数的測定が不可能であるとすると、消費行動を分析するための解決策はないのだろうか。効用を直接的に測定できない、客観的に測定できないとしても、間接的に測定することは可能であろう。すなわち、消費者が消費の組み合わせに対して、選択順位をつけることは可能で

ある。このような効用の測定方法を序数的測定という。こうした序数的な効用の測定方法を採用することにより、効用理論の中心となる考え方を継承し、消費者行動を分析するものとして、無差別曲線の理論がある。

2 無差別曲線の概念

無差別曲線を最初に考案したのはエッジワース（Edgeworth, F. Y.）であったが、その当時、まだ効用の基数的測定が可能であるとされていた。無差別曲線の考え方が、パレート（Pareto, V.）、ヒックス（Hicks, J. R.）という学者を中心にして発展させられていった。

まず無差別という用語の意味であるが、これは、消費者とって、異なる消費の組み合わせが同程度に望ましい状態をいう。通常の場合、X財とY財の2つの財が存在し、その数量をそれぞれx, yとする。

今一人の消費者がいて、X財とY財を消費するとしよう。X財とY財の消費には、様々な組み合わせが存在するであろう。ここでは単純化のために3つの組み合わせを考えることにしよう。AはX財2単位とY財5単位、BはX財1単位にY財10単位、CはX財1単位とY財2単位という組み合わせである。

そこで、この消費者が、CよりはAやBの組み合わせが望ましいと判断したとしよう。消費者は、A、B、Cという各組み合わせから得られる効用の大きさを序数的に測定して、CよりもAやBの組み合わせが、選択順位が上位にあると考えたわけである。しかし、AとBとの組み合わせのどちらを選ぶかについて、同順位であったとする。このとき、AとBとは消費者にとって無差別な組み合わせであるといえる。さらに、ほかにもAとBの組み合わせと無差別な組み合わせが存在するかもしれない。

無差別な組み合わせを選び出して座標に取り、それらを線で結ぶと曲線が描ける。これを無差別曲線（indifference curve）という。また、Cの組み合わせはA、Bと無差別ではなかったが、Cと無差別な組み合わせもほかに存在するので、それらを線で結ぶと、やはり1本の無差別曲線が描けるはずである。

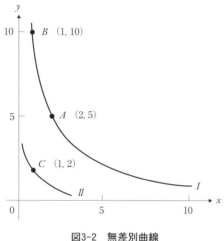

図3-2 無差別曲線

これらを図で示すと図3-2のようになる。まず横軸にX財の数量xを取り、縦軸にY財の数量yを取る。そしてAの座標（2, 5）、Bの座標（1, 10）の点を書き入れ、そしてこれと無差別な組み合わせを結ぶと無差別曲線Iが導き出せる。さらに、Cと無差別な組み合わせの座標を結ぶと、もう1本の無差別曲線IIが描ける。

同一無差別曲線上の各点は、消費者にとって選択順位が同じであるから、すべて同一の効用をもつX財とY財の購入の組み合わせであると考えることができる。

無差別曲線は他のX財とY財の数量の組み合わせについても描くことができ、財が無限に分割可能であるとすると、無差別曲線の本数は無数に存在することになる（無差別曲線群）。

3　無差別曲線の性質

無差別曲線は、どのような性質をもっているだろうか。

第1に、無差別曲線は各財の限界効用がプラスである限り、右下がりに描ける。任意の点を座標上に書き入れて、それと同じ効用をもつ点、いいかえるならば、無差別な点がどの位置に存在するかを考えてみれば、その理由は明白となるであろう。

第2に、無差別曲線上における任意の点の傾斜は、その消費における限界代替率（marginal rate substitution）と呼ばれる。その理由は、その点における無差別曲線の傾斜は、効用を一定に維持することを前提として、Y財の微量の消費量の減少による効用の減少を補うために必要とされるX財の数量の増

加を示すからである。

　また、無差別曲線上における任意の点の傾斜が示す限界代替率は、その点におけるX財の限界効用とY財の限界効用の比率となる。このことを図3-3で説明することにしよう。

　ここでは任意の点をAとする。Y財のBCという消費量の減少を補うために必要とされるX財の数量はABであり、A点におけるこの無差別曲線の傾斜、すなわち限界代替率はBC/ABによって示される。そして、Y財の損失量とX財の獲得量が、微量である限りにおいては、

　　　　　Y財の消費量の減少によって失われる効用＝Y財の消費量の減少量
　　　　　$\times Y$財の限界効用
　　　　　X財の消費量の増加によって得られる効用＝X財の消費量の増加量
　　　　　$\times X$財の限界効用

となる。

　したがって、効用を一定に維持することを前提とすると、Y財の消費量の減少によって失われる効用と、X財の消費量の増加によって得られる効用の大きさが等しいとき、次のような関係が成立する。

$$\frac{X\text{財の限界効用}}{Y\text{財の限界効用}} = \text{限界代替率}$$

　すなわち、図3-3におけるA点の無差別曲線の傾斜である限界代替率は、ある消費者がX財のON量とY財のOM量の消費における、X財の限界効用のY財の限界効用に対する比率に一致することになる。

　第3に、無差別曲線は原点に対して凸となる。図3-4において、無差別曲線に沿って右方向に移動するに従って、X財の数量は増加し、Y財の数量は減少する。財の消費量の増加に伴って、その財の限界効用が逓減することについては、第2節第3項で説明した。この、限界効用逓減の法則が成立するならば、消費が無差別曲線に沿って右方向に移動するとき、消費数量の増加に伴って、X財の限界効用は逓減する一方、消費数量の減少に伴って、Y財の限界効用は増加していく。

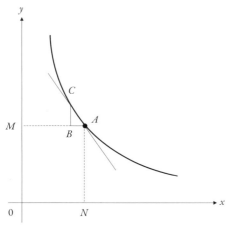

図3-3　限界効用の代替比

以上のことから、無差別曲線の傾斜は右方向へ移動するにつれて逓減することがわかる。このことは図3-4において、A点を通過する接線の傾斜よりも、B点を通過する接線の傾斜の方が緩やかであることからも確認できる。以上のことから、無差別曲線が原点に対して、凸となることが確認できる。

第4に、無差別曲線は決して交差することはない。もし、2本の無差別曲線が図3-5のように交わっているとしていたらどうであろうか。AとBという2つは同じ無差別曲線Iの上に位置する点であり、消費者に与える総効用の大きさは等しいということになる。さらに、AとCという2つも同じ無差別曲線IIの線上に位置する。この2つの事柄から導かれることは、総効用の大きさはAとBが等しく、AとCが等しいということである。このように

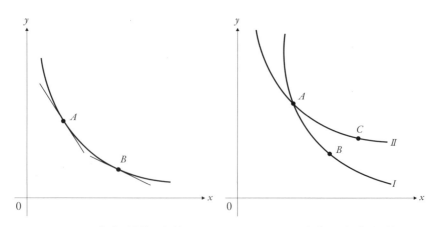

図3-4　無差別曲線の傾斜　　　　図3-5　交差した無差別曲線

考えると、当然BとCの総効用も等しくなるはずである。しかしながら、図3-5におけるBとCを比較した場合、Cの方がBよりも、X財、Y財の両財の数量とも多い。ここで、X財、Y財の限界効用が常にプラスとなることを意味する、消費者の選好における単調性を仮定すれば、Cの総効用はBよりも大きくなる。この場合、消費者はBよりも

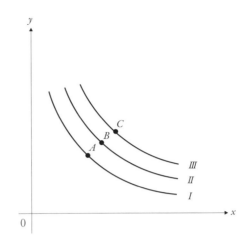

図3-6 無差別曲線の選択順位

Cを選択することになり、BとCが無差別の点であるとはいえない。こうした矛盾は無差別曲線Iと無差別曲線IIが交わるという仮定から生じている。以上のことから、無差別曲線は交差しないという性質を導き出せる。

第5に、無差別曲線は原点から遠ざかるに従って、消費者の選択順位が上位に位置する。財が、分割可能である場合、無差別曲線は無数に描かれるが、ここでは単純化のために、図3-6のように3本だけを考える。図から明らかであるように、A点とB点とを比較した場合、B点はA点よりも原点から遠くに存在している。このことはA点のX財とY財の組み合わせよりも、B点のX財とY財の組み合わせの方が両財の数量とも多いということを示している。当然のことながら、このB点と無差別な点を結んだ無差別曲線IIは、A点と無差別な消費を結んだ無差別曲線Iよりも大きな総効用をもっている。したがって、消費者の選択順位に関しても、原点に近い無差別曲線I上の消費よりも、原点からより遠くに位置する無差別曲線II上の消費は、上位にあることは明らかである。さらに、C点はB点よりも両財の数量ともより多く、このC点を含む無差別曲線IIIは、B点を含む無差別曲線IIよりも大きな総効用をもっている。その結果、無差別曲線III上の消費は無差別曲線II上の消費よりも、上位の選択順位を有することになる。このように無差別曲線が、

原点から遠くなるほど、消費者の選択順位は、上位に位置することになる。

4　消費者均衡

　消費者は、所得の範囲内で効用を最大にするように行動をする（効用最大化行動）。このことは、消費者が効用の獲得を目指して消費をする場合、所得、すなわち予算の大きさにも左右されるということを意味する。これまでは、無差別曲線により、効用面に焦点を当て、消費者行動を分析してきたが、予算の範囲内での消費者の行動を考察するために、予算線（budget line）を導入する。

　X財とY財という2つの財が存在し、価格はX財60円でY財50円とする。そして消費者がこの2つの財を購入するために支出可能な予算額は、300円という例を設定する。

　最初に、消費者がY財を1単位も購入せずに、予算300円全額をX財の購入に充てたとする。この場合、購入可能なX財の数量は5単位である。逆に、300円全額をY財の購入に充てたならば、購入可能な数量は6単位となる。そのほかにも多数のX財とY財の消費の組み合わせがある。ここでは、X財の数量を整数とする6つの購入可能な組み合わせを表3-3で示した。図3-7には、この表3-3の組み合わせのAからFまでを座標に取り、結んだ直線GHが示されている。この直線は、予算線（予算制約線）と呼ばれる。

　そして、予算をIとして、この線を式で示すと、次式のようになる。

$$I = P_x x + P_y y$$

　変形すると、$y = -\dfrac{P_x}{P_y} x + \dfrac{I}{P_y}$ となる。

　以上のことから、予算線は、図3-7のように、切片が$G\left(\dfrac{I}{P_y}\right)$で、傾きが$-\dfrac{P_x}{P_y}$の右下がりの直線で示される。

　この予算線の内側は、300円の予算を全額使いきらない消費を示し、予算線の外側は、予算を超過する消費活動を示す。この予算線上の消費は、消費者が300円の予算全額を余さず支出して、購入できるX財とY財の組み合わせのすべてであり、消費者は、この予算線上の消費を自由に選択することが

可能である。これが予算面から制約される消費者の行動である。

　消費者均衡の状態は、このようにして描かれる予算線と前述した無差別曲線を組み合わせることにより導き出せる。すなわち、図3-8で示すならば予算線GHと無差別曲線IIの接点Aが消費者均衡の点である。なぜならば、無差別曲線III上の消費は、消費者に与える効用が無差別曲線IIの消費より大きいのであるが、予算を超過してしまうことになるので、このような購入方法は実際上不可能である。さらに予算線と交わる無差別曲線IはB点とC点については確かに予算全額を支出していることになるが、無差別曲線IIに比較して原点により近くに位置するから、効用の大きさは無差別曲線IIよりも小さいことになる。すなわち、予算線と無差別曲線の交点はその予算内における効用最大の点とはいえない。このように考えてみると、予算の範囲内で、消費者の効用を最大化することができる消費者均衡点は、無差別曲線IIと予算線の接点であるA点以外には存在しない。

　この消費者均衡において、どのような条件が成立しているであろうか。前

表3-3　消費者の購入方法

組み合わせ＼財の種類	X財	Y財
A	5	0
B	4	1.2
C	3	2.4
D	2	3.6
E	1	4.8
F	0	6

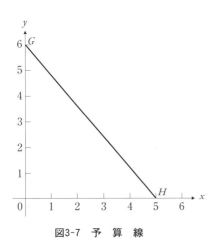

図3-7　予　算　線　　　　　　　図3-8　消費者均衡の点

項で、無差別曲線の傾斜は、その消費における限界代替率であることを説明した。そして、A点において、無差別曲線と予算線が接していることから、予算線の傾斜である価格比（$\frac{P_x}{P_y}$）は限界代替率に一致している。

以上のことから、消費者の効用最大化条件は、予算線上にあるということ、そして、限界代替率と価格比率が一致するということであることがわかる。

第4節　所得変化と消費者行動

1　所得・消費曲線

X財、Y財の2つの財の価格に変化がなく、その2つの財の購入のために支出できる所得が、変化した場合のことを考える。X財60円、Y財50円のままで、予算が300円から600円に増加した場合を具体例とする。600円でX財だけを購入すれば10単位購入できるし、Y財だけを購入すれば12単位購入することが可能である。すなわち、X財とY財の価格は不変であるから、それぞれの財について、以前の倍の購入が可能となるわけである。これを図で示すと図3-9の予算線$G'H'$のように描ける。これは、価格に変化がないことから、予算線の傾斜を一定として、図3-7で示した予算線GH上方に平行シフトさせたものである。同様にして、予算が150円に減少した場合の予算線は、$G''H''$のように予算線GHを下方に平行シフトさせて描ける。

図3-9では予算線が3本描かれているが、その予算線はそれぞれ無差別曲線I、II、IIIと接点をもっている。すなわち、予算額が150円から300円、600円と増加するに従って、消費者均衡の点はE''からE、E'へと移動することになる。

そして、予算変化によって生じた新しい消費者均衡点を結んだ曲線を所得・消費曲線（income-consumption curve）と呼ぶ。

この所得・消費曲線の形状についてであるが、消費対象となるX財、Y財の両財が上級財（superior goods）である場合には、図3-10の①のように右上がりの曲線で示される。この右上がりの曲線の意味は、所得の増加につれて、

両財の消費量も増加するということである。

しかし、すべての財が所得の増加につれて、消費量が増加する上級財であるとは限らない。たとえば、X財がマーガリンであり、Y財がバターであるとしよう。この場合、消費者は所得の増加につれ、それまで使用していたマーガリンの数量を減少させ、バターの数量を増加させるであ

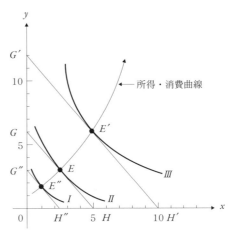

図3-9　所得・消費曲線

ろう。マーガリンのように、所得の増加につれて消費量の減少する財を下級財（inferior goods）と呼ぶ。一方、バターは上級財とされる。同様の例は、このほかにも、麦に対する米、発泡酒に対するビールなどがあげられる。このようにX財が下級財であり、Y財が上級財の場合には、所得・消費曲線は②のような形状になる。逆に、X財が上級財であり、Y財が下級財の場合には、所得・消費曲線は③のように描かれることとなる。

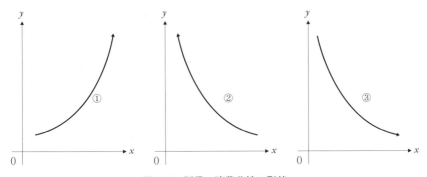

図3-10　所得・消費曲線の形状

2 エンゲルの法則

エンゲル（Engel, E.）は、『ベルギー労働者家族の生活費』（*Die Lebenskosten belgischer Arbeiterfamilen früher und jetzt,* 1895）という著書の中で、19世紀中頃のベルギーおよびザークセン地方の家計調査を行った。調査結果から、各家計の所得収入が増加するにつれて、消費支出に次のような変化が生じることが明らかにされた。

（1）　所得が増加して消費支出が増加するにつれて、全支出に占める食費の割合は減少する。

（2）　所得の増加により消費支出は増加するが、全支出に占める衣住費（被服費、住居費、光熱費）の割合はほぼ一定である。

（3）　所得の増加により消費支出が増加するにつれて、全支出に占める文化費（教育費、衛生費、娯楽費等）の割合は増加する。

（1）～（3）の記述の中で、特に（1）は非常に有名であり、これを狭義のエンゲルの法則（Engel's law）と呼ぶ。また、全消費支出に占める食費の割合を百分率で示したものがエンゲル係数（Engel coefficient）である。通常、この値が大きいほど生活水準が低く、小さいほど生活水準が高いとされる。

第5節　価格変化と消費者行動

1　価格・消費曲線

次に、所得が変化せずに財の価格が変化した場合、消費者の行動にどのような影響が生じるかを考えることにしよう。

ここではX、Yの両財の価格変化を設定するのではなく、Y財の価格を一定として、X財の価格が低下した場合を考える。予算300円でY財の価格50円は変化しないが、X財の価格が10円低下して50円になったとしよう。この場合、予算300円でX財をすべて購入するならば、6単位購入することが可能となり、X財の価格が60円であった場合よりも1単位多く購入することが

できる。このことによって予算線はどのように変化するであろうか。図3-11のようにX財の購入量の増加によって予算線はGH'のように傾きが緩やかになる。逆にX財の価格が上昇すれば、H'点はX軸上のより原点に近い位置に移動し、予算線の傾きが急になるのは、容易に想像できるであろう。

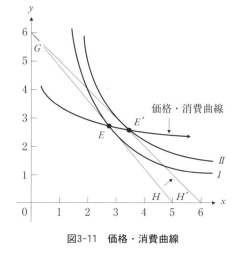

図3-11 価格・消費曲線

次に、予算線GHと接する無差別曲線Iを描きその接点をEとし、新しい予算線GH'と接する無差別曲線IIを描きその接点をE'点とする。このE'点はX財の価格の低下によって生じた新しい消費者均衡の点である。そこでE点とE'点とを結ぶと価格・消費曲線（price-consumption curve）が導き出せる。この曲線は所得を一定として、一方の財の価格が変化した場合に消費者均衡の点がどのように変化するかを示している。

2 代替効果と所得効果

ある財の価格が変化した場合に、消費者に及ぼす効果のことは、価格効果（price effect）と呼ばれる。価格効果は、代替効果（substitution effect）と所得効果（income effect）という2つの効果に分解できると考えられている。

まず、代替効果とは、実質所得を一定として、財の価格変化がもたらす相対価格の変化が消費を変化させる効果をいう。たとえば、X財の価格が60円から50円に変化したことによって、Y財の価格はたとえ不変であっても、相対的に見れば、Y財の価格は上昇したことになる。すなわち、消費者にとって、X財の価格低下前と比較して、X財はY財よりも割安に、Y財はX財よりも割高になる。この結果、X財の価格が10円低下することで、割安になっ

たX財の消費需要は増加して、割高となったY財の消費需要は減少することになる。

第2に、所得効果とは、名目所得が不変であっても、財の価格変化によって、実質的な所得変化によって消費が変化する効果のことである。この例の場合、X財の価格が60円から50円に10円低下したことによって、前と同じ300円という予算でX財を1単位余計に購入することが可能となった。このことは、名目所得を300円と一定として、X財の価格が低下したことにより、実質所得が増加していることを示す。この実質所得の増加による消費の変化は、所得効果によるものである。

図3-12は図3-11に補助線$G'H''$等をつけ加えたものである。この図で価格変化の消費者需要に与える影響を、所得効果と代替効果を使用して説明しよう。補助線$G'H''$は予算線GH'を無差別曲線Iと接するように原点方向にシフトさせたもので、無差別曲線Iとの接点をE''とする。この補助線$G'H''$は、X財の価格低下前の消費者均衡が、その上に位置している無差別曲線Iと接するように引かれている。ここでは、実質所得を効用水準で測ることで、同一無差別曲線上にあるE点とE''点は、同じ実質所得の下で、選択される消費であると考える。

この図解において、EからE''への動きは、実質所得が一定の下で、相対価格の変化によって生じた代替効果であり、E''点からE'点への動きは、相対価格が一定の下で、実質所得の変化によって生じた所得効果であると考える。そして、この両者を合わせたE点からE'点への動きが、価格効果である。

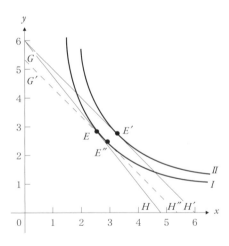

図3-12　代替効果と所得効果

3　個別需要曲線の導出

　ある個人の効用最大化行動における価格・消費曲線から、ある財についての個別需要曲線を導出することが可能である。すなわち、ある財の価格を縦軸に取り、横軸にその財に対するその個人の需要量を測定するように作図すればよい。つまり、ある個人のX財の個別需要曲線は、所得を一定として、様々なX財の価格に対応する、X財の効用最大化需要量を、X財の価格を縦軸、X財の需要量を横軸に取って、図示したものである。

　通常の場合、需要曲線は、右下がりに描かれる。すなわち、価格が高い場合には、その財の需要量は少なく、その財の価格が下落した場合、その財の需要量は増加する。つまり、その財の価格が高ければ、その財に対する社会的な需要は減少し、逆に、財の価格が低ければ需要は増加する。このことは、マーシャル（Marshall, A.）によって、「需要の法則」（law of demand）と名づけられた。

4　需要の価格弾力性

　需要曲線の傾斜の程度は財・サービスの種類によって異なる。この傾斜は、財の価格の変化に対する需要の反応の程度を示している。この反応の程度を測定するために使用されるのが、需要の価格弾力性（price elasticity of demand）と呼ばれる概念であり、（需要量の変化率/価格の変化率）として求められる。価格の変化率と需要の変化率が等しい場合、需要の価格弾力性は1である。

　価格の低下の場合を考えてみよう。ある財が1単位1000円で1000個需要されていたのが、何らかの要因により価格が800円に下落した場合、その需要量が1200単位に増加したというような状況では、需要の変化率も価格の変化率も0.2であることから、需要の価格弾力性は1である。もし1201単位以上に需要量が増加したならば、弾力性は1を上回る。このように、需要の価格弾力性の値が1を上回る場合、弾力的であるとされる。また、逆に需要の増加量が1199単位以下に変化した場合には、需要の価格弾力性が1を下回る。こ

のように需要の価格弾力性の値が1を下回る場合、非弾力的であるとされる。

　一般的に、米やパンのような生活必需品は、非弾力的であるとされる。その理由は、生活必需品は、生活上その購入数量がある程度固定されているためである。その結果、たとえ財の価格が上昇したとしても、需要量を極端に減少させることはないであろうし、逆に価格が低下したとしても、一定量以上に需要量を増加させるようなことはあり得ないであろう。一方、ダイヤモンドや金などの奢侈品は、需要量は価格に対して感応的であり、弾力的であるとされる。

　需要曲線の形状として、生活必需品のような非弾力的な財であれば、その傾きは急なものとして描かれる一方、その対象とする財が奢侈品のような弾力的な財であれば、その傾きは緩やかなものとして描かれる。

5　右下がりの需要曲線の例外

　通常、その財の価格が上昇するとその財の需要量は減少し、価格が低下すると需要量は増加するので、需要曲線は右下がりに描かれる。しかしながら、需要曲線が右上がりになるケースがある。

　第1に、ギッフェンの逆説（Giffen's paradox）と呼ばれるものがある。統計学者であるギッフェン（Giffen, R.）は、19世紀、アイルランドが飢餓に陥ったときに、ジャガイモの価格が上昇する中で、需要量が増加していることを指摘した。この事例では、ジャガイモは下級財であるとして、説明が行われる。ジャガイモの価格が上昇すると、実質所得の減少と、ジャガイモの相対価格の低下が生じる。このとき、ジャガイモは下級財であるので、所得効果として需要量が増大する。一方、ジャガイモは割高になるので、代替効果として、その需要量は減少する。このことから、ジャガイモの価格が上昇するとき、その需要量が減少するのは、所得効果による需要量の増大が、代替効果による需要量の減少を上回るためであることがわかる。以上のことから、ギッフェン財は、下級財であり、かつ、所得効果が代替効果を上回る財であることがわかる。

　第2に、ヴェブレン効果（Veblen's effect）がある。たとえば、有名ブラン

ドの靴は非常に高価なものであり、その靴の所有者はそれをもっていることによって虚栄心を満たされ、他の人々に対して優越感をもつことができる。このような場合、たとえその靴の価格が上昇したとしても需要量は減少することはない。逆にその靴の価格の低下が生じた場合には、靴をもつ心理的メリットもなくなり、需要が減少する。

　第3に、デモンストレーション効果（demonstration effect）があげられる。この効果は、デューゼンベリー（Duesenberry, J. S.）によって主張されたものであり、人は自己の絶対所得の大きさによってのみ、財の需要量を決定するのではなく、同一程度の所得層の消費行動に影響を受ける。たとえば、同じような所得層の人々が住んでいると考えられる団地では、他の住人の消費行動に影響され、見栄や模倣によって車を購入したり、カルチャースクールに通ったりすることなどが考えられる。このような場合、価格が上昇しても、その財・サービスに対する需要が増加する可能性がある。

　第4に、消費者の欲望が消費者側から自然に生まれたものではなく、生産者によって、広告媒体を使用して教育された場合、価格が上昇しても、その需要は、増加するかもしれない。前述の依存効果である。

コラム：牛丼の安売り競争の結果は？

日本には、Y野屋、M屋、S屋などの牛丼チェーン店が存在する。牛丼は、「うまい、安い、早い」食べ物として庶民に定着しているといっても、過言ではない。各チェーン店は、価格の引下競争を激化している。この価格競争を、本章で取り上げた「需要曲線」や「需要の価格弾力性」という概念を用いて考えてみよう。

牛丼の安売りは得なのだろうか？　価格をいくらに設定するかを考えるうえで重要なのは、「価格を下げたら、どの程度、需要が増えるのか」ということである。需要が大幅に増えるようならば、価格は下げた方がよい。しかし、需要があまり増えないなら、価格を下げても利潤は減るだけである。その場合には、かえって価格を上げた方がよいであろう。本文にあるように、需要が価格にどの程度敏感に反応するかを、需要の価格弾力性という。この値は、その財の性質に依存している。必需品の需要の価格弾力性は、一般的には小さい。それに対して、贅沢品の需要の価格弾力性は大きい。

牛丼は、消費者にとって、必需品か否かが問題となる。牛丼屋にとって、価格を下げる薄利多売が、売上を増やし、利潤の最大化を達成すると考えられる。さて、皆さんにとって、牛丼は、必需品といえるでしょうか？

○引用・参考文献

青木幸弘『消費者行動の知識』日本経済新聞出版社、2010年。

朝岡敏行・関川靖編著『消費者サイドの経済学』同文舘、2012年。

伊藤セツ・川島美保編著『消費生活経済学』光生館、2008年。

大淵三洋編著『増訂　経済学の基本原理と諸問題』八千代出版、2013年。

黒田重雄・金成洙編著『わかりやすい消費者行動論』白桃書房、2013年。

嶋村紘輝・酒井徹編『経済と消費者』慶應義塾大学出版会、2009年。

橘木俊詔『家計の経済学』岩波書店、2017年。

田中洋『消費者行動論』中央経済社、2015年。

松井剛・西川英彦編『1からの消費者行動』碩学舎、2016年。

御船美智子『生活者の経済』放送大学教育振興会、2000年。

第 4 章

企業の生産活動

　企業は、日々様々な問題について意思決定する。どのような商品を開発するか、どのような広告を出すか、どのような人事制度にするか、などである。もちろん、そのほかにも企業内部では大小様々な意思決定がなされる。本章では、これら多岐にわたる意思決定を網羅的に扱うのではなく、企業の生産者としての役割に焦点を当て、市場における生産活動について説明する。

　生産活動を行うときに、企業はどのような目的をもつのだろうか。従業員や株主の利益を増やすことであろうか。企業を存続させることであろうか。それとも、地域社会へ貢献することであろうか。この点については、様々な議論がある。ただ、企業が何を目的にするのであれ、利益を十分に確保しなければ目的を達成することはできない。そのため、企業にとって利潤を追求することは最も重要な課題の一つだといえる。そこで、経済学では、企業はよりたくさんの利潤を獲得するように行動すると考える。これを利潤最大化行動と呼ぶ。

　本章の目的の一つは、この利潤最大化行動を理解することにある。以降は、生産関数、費用関数の順で説明し、生産者の利潤最大化行動の仕組みを分析する。その後、それらの分析に基づいて供給曲線を導き、市場での生産者の役割を理解する。

第1節　生　産　関　数

1　生産関数と総生産物曲線

　企業は、資源を投入して財を生産する組織である。経済学では、その資源

を生産要素と呼ぶ。生産要素には、大きく分けると労働と資本がある。労働とは企業で働く人で、資本とは機械、工場など多期間にわたって生産に利用できる設備のことである。

投入物と生産物の関係を理解するために、次のようなパン屋の例を考えてみよう。オーナーは、労働者を雇い、パン工場（資本）で、パンを作るとする。ここで、工場は、建設に時間がかかるため数を増やしたり減らしたりできないとする（資本の投入量は固定）。一方、労働については、求人に時間がかからないため、何人雇うかを自由に決められるとする。このような状況の下で、オーナーは、雇用人数に応じて、パンをどれだけ生産できるのかを知っており、それは表4-1のとおりだとする。たとえば、労働者が0人のとき、パンの生産量は0個である。1人のとき、パンの生産量は50個である。このように、生産要素の投入量とそれに対応した生産量の関係を生産関数と呼ぶ。生産関数は、生産要素を最も効率的に使った（労働者がサボらなかった）ときに生産できる最大の生産量を表している。そのため、企業の生産技術を意味する。表4-1の生産関数をグラフにすると図4-1になる。この曲線は総生産物曲線と呼ばれる。

表4-1 生産関数

労働者数	生産量		限界生産性
0	0		
		>	50
1	50		
		>	110
2	160		
		>	160
3	320		
		>	130
4	450		
		>	60
5	510		
		>	40
6	550		
		>	30
7	580		
		>	20
8	600		
		>	15
9	615		
		>	10
10	625		

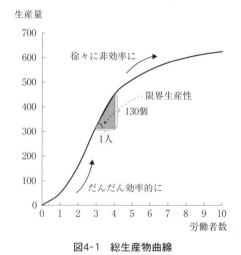

図4-1 総生産物曲線

一般的に、総生産物曲線はS字型をしている。このS字型の意味について考えてみよう。表4-1を見てもらいたい。労働者を3人から1人増やすと、生産量は130個だけ増える。このように、労働者をもう1人追加で雇用したときに生産量がいくら増えるのかを限界生産性という。限界生産性とは、ざっくりいえば、追加で雇った労働者のコストパフォーマンス（費用対効果）である。限界生産性を図で示すと、図4-1の黒色三角形の斜辺の傾きになる。厳密な説明は避けるが、図を見ればわかるとおり、黒色三角形の斜辺の傾き（限界生産性）は、総生産物曲線の傾きとおおむね同じである。したがって、総生産物曲線の傾きは限界生産性とみなすことができる。以上の議論から、S字型の総生産物曲線は、労働の投入量を増やすに伴い、限界生産性はだんだんと増えるが、いずれ徐々に減ることを意味している。特に、徐々に減ることを、限界生産性逓減の法則と呼ぶ。

　次に、その理由を説明する。パン工場で働く人が少ないときに、新たに労働者が加わると、パン作りの工程を分業でき効率的に作業できるようになる（限界生産性上昇）。しかし、労働者が多くなれば、分業が十分に進んでいるため、新しい労働者を加えてもさらなる分業のメリットは発生しない。むしろ、工場の狭さが制約となり、混雑が発生し効率性は下がる（限界生産性下降）。このようなある程度の現実性を反映させているため、総生産物曲線はS字型になる。

2　短期と長期

　パン屋の例では、数量調整に時間がかかるかどうかで「資本量は固定、労働量は変更できる」と区別した。実際には、ある投入物の量が固定かどうかは、企業の生産活動の時間の長さによって決まる。もし、企業の生産活動の期間を、パン工場（資本）を追加で建設できるくらいに長い時間だとすれば、労働だけでなく資本の投入量も自由に変更できる。このように、すべての生産要素の投入量を自由に変更できるぐらいに十分な期間を長期と呼ぶ。一方、生産要素のうち一部のものの投入量を変更できない期間を短期と呼ぶ。そして、投入量を自由に変更できる生産要素を可変生産要素と呼び、変更できな

い生産要素を固定生産要素と呼ぶ。短期では、労働が可変生産要素で、資本が固定生産要素になる。期間の長さに応じて生産要素は区別されるため、期間ごとに、企業行動を分析する必要がある。本章においては、まず短期における生産活動を分析し、第5節で長期を扱う。長期の理論は、短期の理論を応用して考察できる。

　なお、企業が市場へ新たに参入することや退出することは資本の増減（生産設備の導入や解消）を意味するため、資本の投入量を固定だとする短期では、企業の参入・退出を想定していないことになる。一方、長期では、参入・退出が自由にできるようになる。この点は、よく理解してもらいたい。

第2節　短期の費用

　企業が財をどれだけ生産するのかは、費用構造に左右されるため、費用を理解することは重要である。短期の下で、代表的な費用概念である平均費用と限界費用を説明する。ここでは、先ほどのパン屋のようなある一つの企業をイメージしてもらいたい。なお、先に述べたが、長期については、第5節でまとめて説明する。

1　短期の総費用曲線

　図4-2(a)の総生産物曲線を見てもらいたい。総生産物曲線は、「ある労働投入量で生産できる生産量」という意味であった。この総生産物曲線の縦軸と横軸を入れ替えると図4-2(b)になる。これは、「ある生産量を達成するために必要な労働量」を意味する。ここで、労働者を1人雇うためにWの費用が生じるとしよう。図4-2(b)を縦方向にW倍すると図4-2(c)になり、これは、「ある生産量を達成するために必要な労働費用」を意味する。短期では、資本の投入量はある水準で固定されているため、たとえ生産量がゼロであっても、一定の費用が発生する。そこで、図4-2(c)の曲線（労働費用）に資本費用を垂直方向に加えると図4-2(d)になる。この曲線を短期の総費用曲線（Total Cost：TC）と呼ぶ。

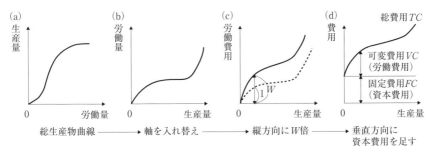

図4-2 短期の費用曲線の導出

なお、可変生産要素にかかる費用を可変費用（Variable Cost：VC）、固定生産要素にかかる費用を固定費用（Fixed Cost：FC）と呼ぶ。そして、可変費用と固定費用を足したものが総費用である。短期の場合、可変費用とは労働費用で、固定費用とは資本費用である。

2　短期の平均費用と限界費用

平均費用と限界費用の概念を理解するために、先ほどのパン屋の例をもう一度考えよう。平均費用（Average Cost：AC）とは、生産物1単位あたりの費用を表し、総費用（TC）を生産量（X）で割った値になる（$AC = \dfrac{TC}{X}$）。表4-2では、パン屋の固定費用を300とし、一人あたりの賃金を100として計算している。たとえば、労働者1名を雇って、50個を生産するなら、固定費用（FC）が300で可変費用（VC）が100×1＝100なので、総費用（TC）が400

表4-2　パン屋の費用

労働者数	生産量 X	限界生産性	固定費用 FC	可変費用 VC	総費用 TC	平均費用 AC	限界費用 MC
0	0		300	0	300	−	
		＞ 50					＞ 2.0
1	50		300	100	400	8.0	
		＞ 110					＞ 0.9
2	160		300	200	500	3.1	
		＞ 160					＞ 0.6
3	320		300	300	600	1.9	
		＞ 130					＞ 0.8
4	450		300	400	700	1.6	
		＞ 60					＞ 1.7
5	510		300	500	800	1.6	

（注1）　固定費用は300、一人あたりの賃金を100としている。
（注2）　ACとMCは、小数点第2位を四捨五入している。

となり、平均費用 $AC = \frac{400}{50} = 8$ となる。次に、限界費用（Marginal Cost：MC）とは、生産物を1単位だけ増やしたときに発生する追加的な費用を表す（$MC = \frac{\Delta TC}{\Delta X}$）。この式の Δ は、デルタと読み変化分を表している。たとえば、表4-2では、生産量が0から50へ変化したとき（$\Delta X = 50$）、総費用の変化分 $\Delta TC = 100$ なので、$MC = \frac{100}{50} = 2$ となる。

では、限界費用と平均費用について図を用いて表現してみよう。図4-3(a)を見てもらいたい。図中の黒色三角形の斜辺の傾きが限界費用であり、これは、総費用曲線の傾きとおおむね同じであるため、限界費用は総費用曲線の傾きとみなせる。なお、総生産物曲線をひっくり返すと総費用関数であったことから、限界生産性と限界費用は表裏の関係にある。次に、図4-3(b)を見てもらいたい。平均費用は、総費用曲線上の点と原点を結んだ直線の傾きになる。

限界費用は、生産量の増加に伴いどのように変化するのかを確認しよう。図4-3(a)から、生産量を増やすにつれ、限界費用（総費用関数の傾き）はだんだん減少し、点 a で最小になり、そこから増加に転じることがわかる。では、平均費用曲線はどうだろうか。図4-3(b)から、生産量の増加に伴い、平均費用もだんだん減少し、点 b で最小になり、そこから増加に転じることがわかる。図4-3(c)からわかるように、AC が最小になる点 b で、AC と MC が一致することに注意してほしい。以上をまとめると、AC も MC も U 字型（当初減って増加に転じる）をしており、AC の最小点を MC が通ることになる。

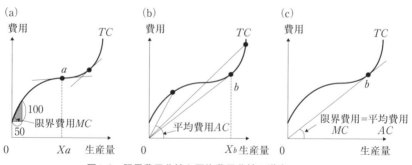

図4-3　限界費用曲線と平均費用曲線の導出

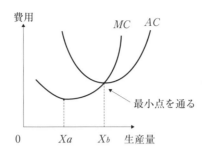

図4-4 平均費用曲線と限界費用曲線の関係

この関係を図示すると図4-4のようになる。

第3節 利潤最大化

本節では、完全競争市場の下で、利潤最大化行動について解説する。完全競争市場とは、たくさんの企業や消費者が存在するため、個々の経済主体の影響力はなく、たとえ、個々が生産量や消費量を変えたとしても市場で成立している価格に影響を与えることができない市場のことである。このとき、それぞれの企業は市場で形成された相場（市場価格）と同じ価格設定を求められる。このように、市場価格は与えられる定数だとして行動する経済主体をプライス・テイカーと呼ぶ。なお、完全競争市場については、第5章で改めて説明する。ここではひとまず、生産者はプライス・テイカーであることを理解してもらいたい。

1 利　　潤

企業の利潤について定義する。企業の利潤Πは、総収入（Total Revenue：TR）から総費用（TC）を引いた値で、以下のとおり計算できる。

$$\Pi = TR - TC = P \cdot X - TC \quad (P：価格、X：生産量)$$

利潤を最大にするためには、総収入（TR）と総費用（TC）の差ができるだけ大きくなるように生産量を決定すればよい。どうすれば利潤を最大にでき

るのかを考えてみよう。

2　利潤最大化条件

限界費用曲線に市場価格Pを重ねて描くと図4-5になる。市場価格Pが水平な直線になる理由は、完全競争市場では、企業はプライス・テイカーであるためである（自らの生産量と関係なく、市場価格Pはある値で一定）。

まず、生産量がX_1のときを考えよう。このとき、図から、$P>MC$であることがわかる。ここで、もう1単位だけ生産を増やし販売したとする。1単位増やしたことにより追加で発生した収入はP、追加の費用はMC、追加の利潤は$P-MC$と表現できる。今は、$P>MC$であるため、追加の利潤$P-MC>0$となる。つまり、X_1のように価格が限界費用を上回っている状況（$P>MC$）では、生産量を増やすと利潤を増やすことができる。次に、生産量X_2のときを考えよう。このとき、限界費用の方が価格より大きい（$P<MC$）ので、今度は逆に生産量を減らすと利潤を増やすことができる。以上をまとめると、利潤を最大にするように企業が生産量を選択するなら、企業は、$P>MC$の状態では生産量を増やし、$P<MC$の状態では生産量を減らすので、最終的に$P=MC$となる生産量X^*を選択する。この$P=MC$は、企業の利潤が最大になっていれば成立する条件なので、利潤最大化条件と呼ばれる。

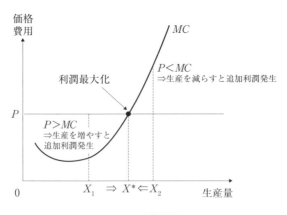

図4-5　利潤最大化条件

第4節　短期供給曲線

　企業が利潤を最大にするように生産量を選択したとしてもいつでも黒字を確保できるわけではない。黒字のときもあれば赤字のときもある。また、赤字がとても大きければ、生産活動を停止することもあるだろう。ここでは、どのようなときに、損益を分けるのか、生産活動を停止するのかを詳しく分析する。その後、供給曲線がどのように決まるかを説明する。

1　損益分岐点

　利潤（$\Pi = P \cdot X - TC$）を、図を用いて表現しよう。図4-6(a)を見てもらいたい。今、価格がP_1だとすると、利潤最大化条件から、企業はX_1だけ生産することになる。このとき、収入は図中の太線の四角形の面積（$P_1 \cdot X_1$）に該当する。また、$AC = \dfrac{TC}{X} \leftrightarrow TC = AC \cdot X$であることから、総費用は斜線の面積（$AC \cdot X_1$）と一致する。よって、総収入（太線の四角形の面積）から総費用（斜線の面積）を引いた灰色の面積が企業の利潤Πになる。このとき、利潤は黒字である。

　同様に考えると、図4-6(b)の図は、利潤ゼロのとき、図4-6(c)は赤字のときを示している。MCとACが交わる点において、企業が儲るか損す

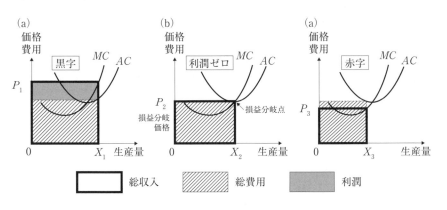

図4-6　利潤が黒字、ゼロ、赤字のとき

るかを分けるため、この点を損益分岐点と呼ぶ。また、そのときの価格を損益分岐価格と呼ぶ。つまり、価格が平均費用を上回るなら黒字になり、下回るなら赤字になる。

2 操業停止点

では、赤字になるなら、企業は生産をやめた方がよいのだろうか。実は、赤字になるとわかっていても生産した方がよいときもある。それは、生産を停止した場合は固定費がそのまま赤字になってしまうが、生産をすればその赤字が少しでも減るときである。では、企業が生産をやめた方がよいときとはどのような状況なのかを具体的に考えてみる。

企業が生産をやめた方がよいときとは、以下の関係が成立するときである。

生産をしたときの利潤＜生産をやめたときの利潤

それぞれの利潤は、以下の式になる。

生産をしたときの利潤（収入 – 費用）：$P \cdot X - (VC + FC)$
生産をやめたときの利潤（収入 – 費用）：$0 - FC$
（注）生産量がゼロでも固定費用はかかる。

この式を用いて、生産をやめた方がよい条件を導くと、以下になる。

$$P \cdot X - (VC + FC) < -FC \quad \leftrightarrow \quad P < \frac{VC}{X}$$

この不等式の最後の $\frac{VC}{X}$ は、生産物 1 単位あたりの可変費用であるため、平均可変費用（Average Variable Cost：AVC）と呼ばれる。企業が操業を停止するかしないかは、この平均可変費用が重要な役割を果たすため、ここで、平均可変費用について説明する。図 4 - 7 (a)を見てもらいたい。平均可変費用を図で表現すると、総費用曲線上の点と切片を結んだ直線の傾きになる。生産量を増やすにつれ、平均可変費用はだんだん減少し、点 c で最小になり、そこから増加に転じる。図 4 - 7 (b)からわかるように、AVC が最小になる点 c で、AVC と MC が一致していることに注意してほしい。以上から、AVC

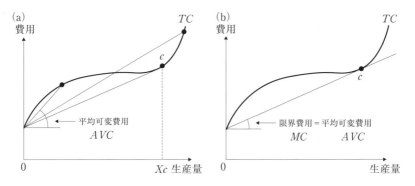

図4-7　平均可変費用曲線の導出

はU字型をしており、AVCの最小点をMCが通ることになる。なお、AC、AVC、MCの関係をまとめると図4-8になる。MCはACとAVCの最小点を通る。なお、AC（$=\frac{VC+FC}{X}$）がAVC（$=\frac{VC}{X}$）より必ず上方にあるのは、AVCには固定費が含まれないためである。

先ほど計算したとおり、企業が生産をやめた方がよい条件とは、$P<\frac{VC}{X}=AVC$であった。この式は、価格がAVCを下回るなら生産を停止した方がよいという意味である。これを図で示すと、図4-8のMCとAVCが一致する点になり、生産を続けるか停止するかを分ける点であるため、操業停止点と

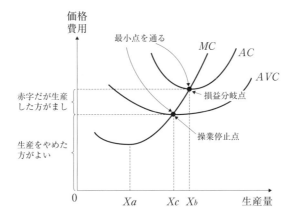

図4-8　損益分岐点、操業停止点のまとめ

呼ぶ。また、そのときの価格を操業停止価格と呼ぶ。

ところで、「赤字でも操業した方がいいときもある」といわれても、腑に落ちないだろう。実は、短期的にはそうなのだが、長期的には赤字の下で事業を継続することはできず、市場から撤退することになる。これについては、第5節で説明する。

3　企業の短期供給曲線

供給曲線は「価格と供給量の関係」であり、価格が高くなるほどたくさん供給したいという企業の意欲を示している。ここでは、この意欲、つまり供給曲線とは利潤最大化行動から導かれることを説明する。

図4-9を見てもらいたい。企業が利潤最大化行動（$P=MC$になる生産）をするのであれば、価格がP_1のときに生産量X_1を選択する。同様に、価格がP_1以外であっても、$P=MC$になる生産量を選択する。これはまさに、「価格と生産量の関係」を示すため、限界費用曲線そのものが企業の供給曲線を表している。ただし、限界費用曲線のすべてが供給曲線になるわけではない。操業停止点よりも価格が低いときは、企業は生産を行わないため、このときの供給曲線は$X=0$になる。まとめると、図の太線部分が短期の供給曲線になる。供給曲線は、「価格が平均可変費用を下回るなら生産しないが、そう

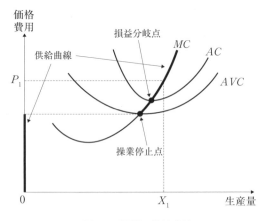

図4-9　短期の供給曲線

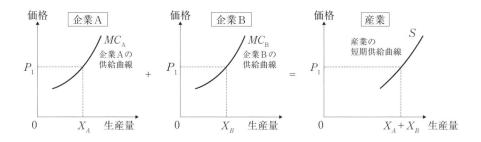

図4-10　産業の短期供給曲線

でなければ$P=MC$となる水準で生産しよう」という企業の生産活動を凝縮している。

4　産業の短期供給曲線

図4-9では、ある一つの企業の供給曲線について説明した。しかし、一般的に供給曲線というと、個々の企業の供給曲線を指すのではなく、市場全体の供給曲線を意味する。そこで次に、個々の企業がたくさん集まった産業のような状況を考え、産業全体の供給曲線を導出する。

短期のときは、産業への参入・退出を考えなくてよいため、すでに参入している企業の供給曲線を水平方向に足し合わせると産業の短期供給曲線になる。たとえば、企業AとBの2つしか存在しない市場を考えると、図4-10のように、価格P_1のときの各企業の生産量X_AとX_Bを足したものが、価格P_1での産業全体の生産量になる。

第5節　長期の生産活動

これまでは、短期のケースで企業の生産活動を議論してきた。次に、長期の下で生産活動を分析する。まず、短期と長期の違いをおさらいしよう。長期とは、企業があらゆる生産要素を見直して、その投入量を自由に調節できる期間であった。そのため、短期では固定された工場のような資本も最適な量に調整できる。また、短期では企業は新規に参入したり、退出したりする

ことがなかったが、長期では、参入・退出が自由にできるようになる。これ
ら短期と長期の違いを踏まえたうえで、長期の生産活動について説明する。

1　長期の総費用曲線

　短期の総費用曲線とは、資本量をある水準に固定した状態で、ある生産量
を達成するために必要な費用を表した。たとえば、工場（資本量）の大きさ
について、小規模（K_1）と大規模（K_2）の2つのパターンを考えて、それぞ
れに対応する総費用をSTC_1とSTC_2としよう。なお、頭文字のSは、短期
（Short-Run）を意味している。この2つの短期総費用曲線を描くと図4-11
(a)になる。

　STC_1とSTC_2の形状の違いを考えてみよう。総費用曲線の切片は固定費用
（資本量）を表すため、STC_1よりSTC_2の方が切片は大きくなる。また、短期
では資本量が固定されているため、生産量の増加に伴い、工場の狭さが制約
となり混雑が発生し、生産効率は落ちていく（限界費用が増大する）。生産効率
が落ち始めるのは、小規模工場K_1の方が早いため、STC_1の方が先に傾きが
急になる。これらの理由により、STC_1とSTC_2の形状の違いが生まれている。
これはいいかえると、資本量を増やすことには、固定費用が増えるというデ
メリットがある一方で、生産性がよいため少ない追加的コストで生産できる
メリットがあるといえる。

　ここで、長期において、資本の最適規模がどのように決まるのかを考えて
みよう。長期では、資本の投入量を自由に選択できるため、費用が最小にな
るように最適な資本量を企業は選択する。議論を単純にするため、企業は資
本量K_1（小規模工場）かK_2（大規模工場）のいずれかのみを選択できるとする。
このとき、どちらを選んだ方が費用を低く抑えられるかを企業は検討する。
図4-11(b)を見ると、費用に関して、生産量がX^*より少ないときはSTC_1
の方が低く、X^*より多いときはSTC_2が低くなることがわかる。よって、生
産量がX^*までなら企業はK_1を選び、X^*より増やすならK_2を選ぶ。以上をま
とめると、図4-11(b)の太線のように、短期総費用曲線の下側をなぞった
曲線として長期の総費用曲線（Long-run Total Cost：LTC）を表現できる。実

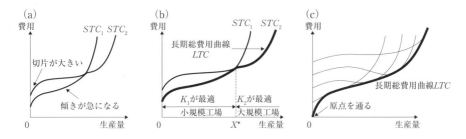

図4-11　長期の総費用曲線

際にはK_1とK_2以外にも様々な資本量を選ぶことができるため、図4-11(c)のように、長期総費用曲線は様々な短期総費用曲線の下側部分が作る曲線として描くことができる。このとき、長期総費用曲線は短期総費用曲線の包絡線（下から包み込んだ曲線）であるという。なお、長期では固定費用がないため、長期総費用曲線は原点を通る。

2　長期の平均費用曲線

長期の平均費用曲線（Long-run Average Cost：LAC）を導出してみよう。第2節2項で短期の平均費用曲線を導出した方法と同じように考えると、長期総費用が図4-11(c)であるときの長期の平均費用曲線はU字型になる。

次に、短期と長期の平均費用曲線の関係を調べてみる。ここで、図4-12(a)を見てもらいたい。STCとLTCが接する点a（生産量Xa）では、短期と長期の平均費用は一致する。しかし、そのほかのときには、短期平均費用が

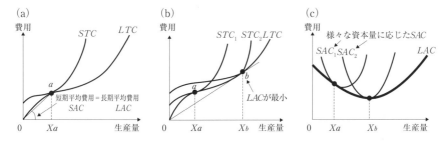

図4-12　長期の平均費用曲線

長期平均費用を必ず上回る。実際には、例示したもの以外にも様々な短期費用曲線があるため、それぞれで同様の議論ができる（図4-12(b)参照）。以上のことに注意して図を描くと、長期平均費用曲線は図4-12(c)の太線のようになる。長期平均費用曲線も短期平均費用曲線の包絡線になる。

3　長期の限界費用曲線

長期の限界費用曲線（Long-run Marginal Cost：LMC）を導出してみよう。これも、第2節2項で短期の限界費用曲線を導出した方法と同じように考えると、長期の限界費用曲線は長期の平均費用曲線の最小点を通るU字型になる。

次に、短期と長期の限界費用曲線の関係を調べてみる。図4-13(a)を見てもらいたい。図中の短期費用曲線STC_1とSTC_2のそれぞれの短期限界費用曲線をSMC_1とSMC_2としよう。STC_1とLTCが接している点aにおいて、SMC_1はLMCと一致する。同様に、STC_2とLTCが接している点bにおいて、SMC_2はLMCと一致する。ここで、長期平均費用の図にSMC_1とSMC_2を書き加えると、図4-13(b)になる。先ほど述べたとおり、点a（生産量Xa）と点b（生産量Xb）においてLMCとSMCが一致しているため、図4-13(b)の点a'

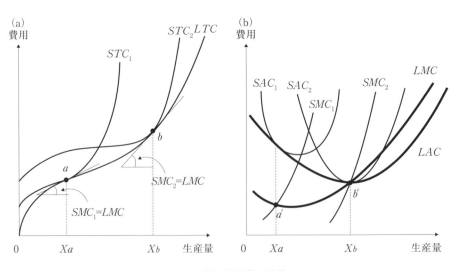

図4-13　長期の限界費用曲線

と点 b' を LMC は通る。さらに、LMC が LAC の最小点を通る U 字型であることにも注意して図を描くと、LMC は図 4-13(b) の太線になる。

図からわかるように、LMC は SMC よりも傾きが緩くなる。限界費用曲線は基本的には供給曲線と一致することを思い出してもらうと、これは、価格が上がったときに、長期は労働だけでなく資本も動かして

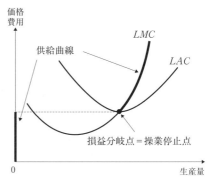

図4-14 長期の供給曲線

生産量を調整できるため、短期に比べて柔軟に供給できるということを意味する。

4 企業の長期供給曲線

個々の企業の長期供給曲線を導出してみよう。まず、長期の利潤最大化条件を考える。長期の利潤も、収入と費用の差として定義されるため、短期の場合の議論と同様に、企業の利潤最大化行動とは、価格と限界費用が一致する（$P = MC$）水準で生産物を生産することである。

次に、長期の場合の損益分岐点、操業停止点を考えてみよう。長期においては、すべての費用が可変生産要素であるため、長期の平均可変費用曲線は長期の平均費用曲線と一致する。そのため、長期では損益分岐点と操業停止点は一致する。これは、長期的に赤字が続くならすぐさま生産活動から撤退した方がよいことになる。

最後に、供給曲線を考える。操業停止点よりも価格が低いときは、企業は生産を行わないため、このときの供給曲線は $X = 0$ になる。それ以外の部分については、企業が利潤最大化行動（$P = MC$）を取るため、限界費用曲線になる。まとめると、図 4-14 の太線部分が長期の供給曲線になる。

5 長期均衡

これまでは、ある一つの企業の振る舞いについて説明してきた。次に、個々の企業がたくさん集まった産業規模で考えたときに、社会全体がどのように振る舞うのかを分析してみよう。長期において、産業全体を考えるときには、特に、参入・退出という視点が重要になることに注意してもらいたい。もし、産業内に利潤が発生していれば、それを求めて潜在的な企業が新たに市場へ参入する。逆に、損失が発生するなら既存企業は退出する。

すでに市場にいる企業も、これから新規に参入する企業も同じ生産技術をもっているとする。これは、長期のときには、最も効率的な生産技術が広まるためだとイメージすればよい。同じ生産技術であれば、同じ費用曲線をもっているため、どの企業も同じ損益分岐点（＝操業停止点）をもっている。図4-15を見てもらいたい。図4-15(a)は、個々の企業の費用構造を示しており、図4-15(b)は、産業全体の需要曲線と供給曲線を図示している。たとえば、市場に一つの企業しか参入していない状況を考えよう。このとき、この一つの企業が市場全体を意味するため、市場全体の供給曲線S_1は、この企業の限界費用曲線と一致する。なお、第5章で詳しく説明するが、市場価格は、需要曲線と供給曲線の交差する点において決まる。この市場では、S_1

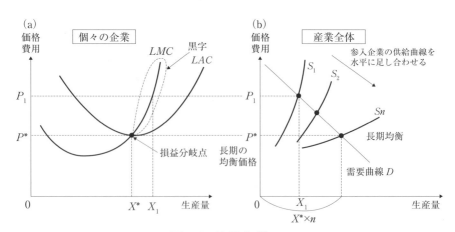

図4-15　長期均衡

と需要曲線が交わるところで価格がP_1に決まる。市場で決定した価格P_1をもとに、企業は利潤最大化条件に従い生産量X_1を選択する。このとき、P_1は損益分岐価格よりも高いため、産業内に利潤が発生しており、その利潤を目指して新たな企業が参入する。たとえば、もう一つだけ新規に参入するなら、参入した企業の供給曲線とS_1を水平に足すと市場全体の供給曲線S_2になる。そして、S_2と需要曲線の交わるところで新たな市場価格が決まり、その価格の下でそれぞれの企業は生産量を決定する。このとき利潤が発生しているため、新たな企業が参入する。同様の操作を繰り返すと、利潤がゼロ（価格＝損益分岐価格）になるまで参入は続く。最終的に、市場に参加した企業の総数がn社であったとしよう。このとき、各企業の利潤はゼロになっているが、赤字でないため退出する企業はいない。このように、新規参入も退出もなく、企業数が一定になる状態を長期均衡と呼ぶ。

長期においては、参入・退出を通じて、市場の長期均衡価格は長期平均費用の最小値に収束し、そのときの市場全体の供給量は、各企業の生産量×企業数（$X^* \times n$）になる。

6 産業の長期供給曲線

それぞれの企業の長期供給曲線は、図4-14だと説明した。ここでは、産業の長期供給曲線を導出してみよう。長期での産業の供給曲線を考えるとき

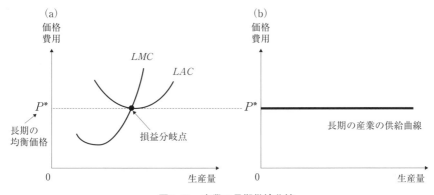

図4-16 産業の長期供給曲線

には、参入してくる潜在的企業も含めて考える必要があるため、短期の議論のように既存企業の供給曲線を水平に足せばよいわけでない。

　当初、長期均衡にあるとしよう。ここで、何らかの理由で、長期均衡価格よりも価格が上がった場合を考える。このとき、産業内に利潤が発生するため、新規参入が起こる。その結果、産業全体としての供給量は増え、価格は元の水準に戻る。このように、長期的に見れば、供給量に関係なく価格は長期均衡価格で一定になるため、「価格と供給量の関係」は図4-16(b)のような太線の水平な直線として描くことができる。これが既存企業と潜在的企業のすべてを考慮したときの産業の長期供給曲線になる。参入・退出の時間が十分にある長期では、同一の生産技術をもつ潜在的な企業が無数にあるため、長期平均費用曲線の最小点の価格で、生産者は消費者が要求する需要量にいくらでも応じることになる。なお、長期平均費用曲線の最小点の価格で操業することは、産業全体の生産費用が最小化されていることを意味する。

コラム：生産者理論は机上の空論か？

　本章の中で「$P=MC$となるように企業は生産量を決定する」と説明した。これを説明されてどう思っただろうか。こんなの嘘だろう、現実のビジネスとはかけ離れた抽象的な理論だと思った読者も多いのではないだろうか。実際、近所のパン屋のオーナーが頭の中で、「$P=MC$」を計算しているとは思えない。ここで大切なことは、経済学は、パン屋のオーナーは「$P=MC$」を計算していると主張したいのではなく、オーナーが勘や経験などから生産量を考えた結果、あたかも「$P=MC$」を解いているかのように振る舞うといいたいのだ。では、パン屋のオーナーを観察すると本当に「$P=MC$」を解いているように振る舞うのだろうか。経済学では、理論の妥当性について実験を用いて検証することがある。実は、本章で学んだ利潤最大化行動「$P=MC$」や、参入・退出が自由な市場で本当に長期均衡が達成されるのかなども実験できる。実際の実験は、理論に近い環境を作り出し、被験者に企業などの役割を与え意思決定してもらう。経済理論はどうせ机上の空論だろうと感じた方はぜひ実験に参加してもらいたい。本章で学んだ生産者理論が妥当であることに気がつくだろう。

○引用・参考文献

伊藤元重『入門経済学（第4版）』日本評論社、2015年。

小川一仁ほか『実験ミクロ経済学』東洋経済新報社、2012年

奥野正寛編著『ミクロ経済学』東京大学出版会、2008年。

神取道宏『ミクロ経済学の力』日本評論社、2016年。

クルーグマン, P.・ウェルス, R. 著、大山道広ほか訳『クルーグマンミクロ経済学（第2版）』東洋経済新報社、2017年。

八田達夫『ミクロ経済学Expressway』東洋経済新報社、2013年。

古澤泰治・塩路悦朗『ベーシック経済学』有斐閣、2012年。

第　5　章

市場と価格形成

第1節　需要と供給

1　市場の需要曲線

　様々な国家がどんな経済システムを採用しようとも、その国の経済システムは財やサービスの生産、分配、消費を決定する機能をもつ。経済システムは、人や企業（需要者）の欲求を満たすためにどの財やサービスをどれだけ作るか、誰がどのようにしてどんな生産要素を用いてその財やサービスを作るか（供給者）、そしてそれらがどのようにして需要者のもとへ流通、分配されるのかといった質問に明確に答えを出す機能をもたなければならない。資本主義経済という経済システムでは、市場という概念を用いることによってこのような質問に答えている。一つの市場では一つの財（またはサービス）に対して価格が成立し、市場がもつメカニズムにより需要量と供給量が調整され、資源が配分される。

　ここである財Aを扱う市場で一人の需要者に対する調査を行ったとする。財Aの1個あたりの価格の変化に対して、何個購入するかという簡単なものである。これをまとめたものを表5-1とする。

　ここでは1個あたり800円のときは2個、300円では7個購入すると読み取

表5-1　需　要　表

個数X	1	2	3	4	5	6	7	8	9
価格P	900	800	700	600	500	400	300	200	100

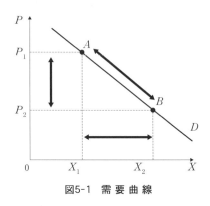

図5-1 需要曲線

れる。これが需要表（demand schedule）である。市場には多数の需要者がいて、集計した需要表をもとに縦軸に価格（P）を横軸に需要量（X）を取りグラフを作成すれば図5-1の需要曲線（demand curve）となる。

一般的な財やサービスについていえば、需要表からも読み取れるように、財の価格が下がれば財に対する需要量は増加する。図5-1の需要曲線でいえば、P_1からP_2に価格が低下すれば需要量はX_1からX_2に増加する。逆に、P_2からP_1の価格上昇が起これば需要量はX_2からX_1に減少する。この傾向は需要の法則と呼ばれ、需要曲線の特徴で右下がりの形状となる。需要曲線上でいえば点Aから点Bの動きであり、価格の変化に対する財Aの需要量の変化（change in quantity demanded）であり曲線上の点の動きで現れる。これはこの財と価格（内生変数）の関係に焦点を当てていて、この関係を浮き彫りにするため市場に関わる他の諸要因（外生変数）を一定としている。

2　市場の供給曲線

次に、財Aを供給するある生産者に聞き取りを行ったとする。この市場における価格変化に対して供給量をどうするかという単純なものである。その結果を表5-2とする。これが個別の生産者の供給表（supply schedule）である。市場には多数の生産者がいるので、それぞれの供給表を集計しグラフにすれば図5-2のような右上がりの曲線となる。これが供給曲線（supply curve）である。図5-2では価格がP_1からP_2に上がれば供給量はX_1からX_2

表 5-2　供　給　表

個数X	1	2	3	4	5	6	7	8	9
価格P	100	200	300	400	500	600	700	800	900

へ増加する。価格が高ければ、供給者は産出量を増加させたいと考えるのである。逆に、P_2からP_1に価格が下がれば、供給量はX_2からX_1へ減少する。供給曲線上では点Aから点Bといった曲線上の点の動きで、市場で取引される財の価格変化に対する供給量の変化（change in quantity supplied）である。これは需要曲線と同様にこの財と価格（内生変数）の

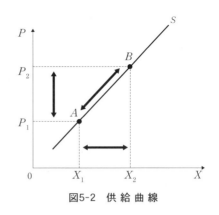

図5-2　供給曲線

関係に着目しており、そのため市場に関わる他の諸要因（外生変数）は変化しないものとする。

3　価格の弾力性

前項で一般的な需要曲線は右下がりであり、また供給曲線は右上がりの曲線であることを確認した。ここでは曲線の形状（傾き）について考える。市場で形成された価格が変化した場合、その変化に対する需要量と供給量の反応の仕方は財やサービスにより違いが出る。

図5-3は傾きの異なる3つの需要曲線が並べられ、価格がP_1からP_2に低下したとき、それぞれ需要量がX_1からX_2へどれくらい増加するかを示したものである。

$$\frac{需要の変化率}{価格の変化率} < 1 \quad \cdots\cdots 非弾力的$$

$$\frac{需要の変化率}{価格の変化率} = 1 \quad \cdots\cdots 中立的$$

$$\frac{需要の変化率}{価格の変化率} > 1 \quad \cdots\cdots 弾力的$$

需要の価格弾力性は需要量の変化率を価格の変化率で割った値である。図5-3からも確認できるように中立的なものより弾力的になると曲線の傾きは緩やかになり、逆に非弾力的になるほど傾きは急になる。一般的に、贅沢

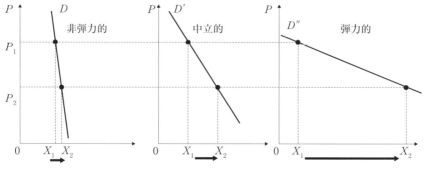

図5-3　価格の弾力性

品といったものは弾力的な需要曲線をもつ傾向にあり、価格の変化に対して需要量が敏感に反応する。また、必需性の高い財は、非弾力的な需要曲線の形状をもつ。米や味噌といった生活に必要なものの価格が安くなったときに購入量を増やしてもそれらばかり食べるわけにはいかず、また価格が高騰したとしてもまったく購入しないわけにはいかない。非弾力的な需要曲線では、価格の変化に需要量が敏感に反応しない。よって、非弾力的な財の価格による需要量の調整力は弱い。弾力性の違いは支出額の変化の仕方にも違いが現れる。価格P×需要量Xは需要者の支出額（供給者の収入）であるが、非弾力的な需要曲線であると、弾力的な需要曲線と比較して価格の上昇は支出額の上昇となる。

　ここまで贅沢品や生活必需品といった個々の異なった財についての弾力性の違いを説明したが、同じ財でも弾力性の違いを示す場合がある。たとえば、国の違いによる自動車市場の需要傾向の違いなどである。需要者が価格を重視する市場であれば弾力的な需要曲線であり、またメーカー志向（ブランド志向）が強ければ非弾力的な傾向となろう。さらに時間的な要因も考慮に入れれば、短期的と長期的な違いで価格変化に対する弾力性の違いが現れる。同じ財でも価格変化に対して、短期的には非弾力的な反応を示し、長期的には敏感に反応するというものである。たとえば、仮に風邪薬が高騰したとしよう。ある人がそのとき風邪で体調が悪ければ価格が高くとも薬を購入し服

用する（短期的）。回復したその後に生活習慣を整え運動を続けたとしよう。その人は時間をかけ体力作りをし、風邪を引かず薬に頼らない生活を今後続けたとすれば高くなった風邪薬を購入しない、もしくは減らすことができる（長期的）。需要曲線や供給曲線は同じ財でも時間的要因を含めればその価格弾力性は変化する。一般的に特に言及がない場合には、与えられた曲線は短期的と考えてよいだろう。

供給曲線についても同様に価格変化に対する供給の弾力性がいえる。供給の価格弾力性は供給量の変化率を価格の変化率で割った値である。非弾力的な供給曲線であるほど急な傾きであり、また価格変化に弾力的であるほどなだらかな曲線である。供給の価格弾力性は、需要の価格弾力性の考え方を応用することができる。供給者の企業規模や投資規模、生鮮食品や農産物、製品など個別の市場で扱われる財の違い、生産者のマーケティング戦略の判断、時間的な要因などで供給の価格弾力性の違いが現れる。

4 曲線のシフト

同じ価格で需要者の購入量や供給者の生産量が変化するのはどのような状況であろうか。図5-4は需要曲線と供給曲線がそれぞれDからD'へのシフト移動、SからS'へのシフトを示している。今対象としている財の価格変化

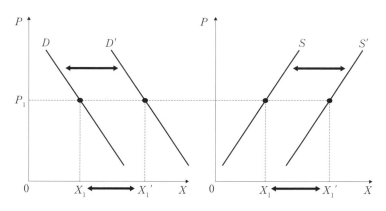

図5-4　曲線のシフト

以外の要因で購入量や生産量が変化している場合は、財の価格変化に対する需要量や供給量の変化とは明確に区別しなくてはならない。価格を一定として需要が増加した場合、需要曲線は右へ、減少した場合は左へシフトする。需要曲線を左右にシフトさせる要因として、所得の増減、人々の嗜好や趣味（流行）、他の財の価格変化、将来の期待（景気予想）の変化、そして人口の増減などがあげられる。たとえば人口構成の変化などで少子高齢化が進めば、子供服の需要の減少（需要曲線の左へのシフト）や、老齢介護用品やサービスへの需要増加（需要曲線の右へのシフト）が考えられる。

　供給の変化（change in supply）としての供給曲線のシフト要因として、参加企業の増減、技術の変化、原材料や労働賃金といった生産要素の価格変化などがあげられる。企業が技術の改善などにより同じ生産要素で産出量を増加することなどが供給曲線の右シフトの例として考えられる。

第2節　価格の形成

1　価格の役割

　私たちが日々の生活で何かを購入するとき、買うか買わないかを決定する判断材料として価格は重要なものである。また価格によりその財やサービスに対してのイメージや情報といったものも汲み取ることができる。耐久消費財や趣味品など（買回り品）といったある程度の高額の品物で購入頻度が少なく一度の購入で一つといったものは品質と価格の比較に時間をかけるだろう。また日常品などは価格により一つの種類の財をいくつ買うかといった、価格が数量の判断基準ともなる。また私たちが価格変動を認識することや価格についての交渉が可能であるならば、その財をいつ買うのかということにも影響を与える。また価格によりある財やサービスを購入したくとも諦めなければならないこともある。財の稀少性が高ければ価格に反映され、購入者が制限されることにもなる。価格は需要者にとってどの財を買うか、どのくらい買うのか、いつ買うのかといった判断要因として働き、また稀少性の目

安ともなっている。これらに対照し供給者側にとっての価格は、彼らの利益を考えながらどの財を、どれくらい、いつ生産するかということになろう。一つの市場で考えたとき、これらは多数の需要者や供給者たちの個々の考えでの経済行動が取られた結果で価格が形成される（完全競争市場）。市場で形成される価格やその変動は経済主体（家計や企業）の行動結果の現れである。

2 需要と供給の一致

ある市場の需要曲線と供給曲線を一つのグラフで示したものが図5-5である。前項で市場の価格を見ながら需要者や供給者たちは個々の判断で経済行動をするとしたが、両者が影響し合うとどのような事柄がグラフから読み取れるかを確認する。まず2つの曲線の交点Eに着目してみる。この点Eは需要量と供給量とを一致させている均衡点である。このような需要量と供給量をバランスさせている価格が均衡価格P_0である。このような均衡価格が実現し得る背景には次のような需要者と供給者の作用があることを確認したい。

この市場で価格がP_1であると需要量は線分ABで示される。価格がP_0より高いので需要量はX_0より減少している。また価格P_1での供給量は線分ACで示される。価格がP_0より高いので供給量はX_0より増加している。需要者、供給者がそれぞれの判断で行動した結果、P_1の価格では線分BCの量が供給過剰分（超過供給）として存在することとなる。市場では取引される財が余っているので、価格は下降する。次に価格がP_2であるときの市場では、需要量は線分FHで示される。価格がP_0より低いので需要量はX_0より増加している価格P_2での供給量は線分FGで示される。価格がP_0より低下したこ

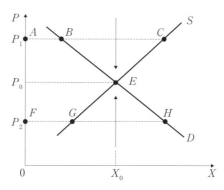

図5-5　需要と供給の一致

とにより供給量の減少となる。ここでは線分GHは需要量が供給量を超過した分であり、市場では財が不足しているため（超過需要）価格は上昇する。このようにグラフの均衡点Eより上部（市場の価格がP_0より高い場合）では超過供給となり、市場では価格を下降させる作用が働く。一方、均衡点Eより下部（市場の価格がP_0より低い場合）では超過需要となり、価格を上昇させる作用が働く。そして、やがて均衡価格で落ち着き需要量と供給量が一致する。

　上記のような競争市場においての基本モデルとして、価格変動による需要と供給の調整過程をワルラス調整過程という。またこの章では部分均衡を主としているが、部分均衡分析は一つの財の需要と供給の相互関係などでその市場均衡を考察する。他の要因は所与として、一つの市場だけで完結した見方である。しかしながら経済過程をより現実に近づけて見ると、その様子は非常に複雑である。一つの市場で扱われる財が生産財で、他の市場では原材料として使われることや、またどの市場でも労働という生産要素が関われば労働市場とは切り離すことはできない。このようにすべての市場の相互性を重視し、財の価格、需要と供給が同時に均衡する様子を考える立場を一般均衡分析と呼ぶ。

3　市場メカニズム

　市場メカニズムは価格メカニズム、価格調整機構などと同義である。前項で触れたように市場では個々の経済主体の行動の結果、価格が決定され、価格の変化で需要と供給を調整する。価格により稀少な財の余剰や不足が解消されるのである。このことは、社会において、価格が稀少性を有する資源を配分する重要な役割を果たしていることを意味している。そして、資本主義経済におけるこの市場メカニズムは、効率的な資源配分を行うことが可能にしている（価格の資源配分機能）。この点については、次節で説明する。さらに社会環境の変化とともに移り変わる需要と供給に対して市場メカニズムが働いているのであれば、新たな市場の誕生や衰退、マクロ的に見れば一国の産業の移り変わりにも大きく貢献しているのである。

第5章　市場と価格形成　**91**

第3節　完全競争市場と均衡の効率性

1　消費者余剰

　第1節で取り上げた需要表（表5-1）は価格の変化に対し需要量の変化を示したものであった。ここでは同じ需要表を次のように異なった読み方をしてみる。この需要表はこの市場に参加するある一人の需要者を調査したものとしたが、この財Aを消費することによる評価の値を円単位で表すという見方である。この需要者自身の判断であるから、同じ市場の他の需要者たちとは違いが出て当然である。この人の場合は、この需要表からこの財Aの1個目を消費することには900円の価値を見い出し、2個目は800円、3個目の消費は700円の価値を見い出すといった表の読み方である。そこで需要者が感じる各需要水準での評価の高さ（限界効用）と、市場で需給量から現れる均衡価格を比較すると次のようなことが導出できる。この市場で均衡価格が500円になれば、この需要者が実際に一つの財について支払うのはこの金額であるから、1個目の消費をすると1個目の評価900円より1個につき支払った500円が引かれた400円分の余剰（購入をして得をしたと感じる満足感）が生じる。同様に2個目の消費に関しては300円の余剰が現れる。この余剰分を消費者余剰という。

　ここではある市場の中である需要者が取引される財を何個買うかという場合であるが、別な市場でほとんどの需要者が一度に一つの財を購入する場合でも同様に消費者余剰が考えられる。たとえば、ある車種の自動車に市場価格が決まっており、この車を購入したいと思う人が多数いるとする。それぞれの人のこの車に対する評価の値（円）は十人十色であろう。この車の実際の価格と各自の評価を比較して評価が価格を上回れば（正の消費者余剰）購入へと進むだろうし、逆に評価が価格を下回れば（負の消費者余剰）購入はしないだろう。ここで縦軸に円、横軸に数量を取ったグラフにこの車の評価（円）を左から高い順に並べる。すると右下がりの曲線（ここでは直線）を得る

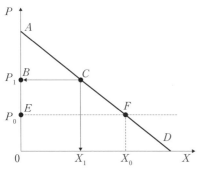

図5-6　消費者余剰

が、これは、需要表より導出した需要曲線と同じ形状となる。図5-6の需要曲線を、需要表から導出したものと考えると、価格がP_1のときに需要量はX_1という読み方であった。他方で、この需要曲線を横軸から縦軸に読めば、産出量X_1のその水準の評価（円）の高さ（限界効用）の値がP_1であるということになる。この需要曲線において価格がP_0となっているとき、X_0が需要量となる。このとき、線分EFの上部である△AEFは、財の評価が価格を上回る大きさを示しており、消費者余剰と呼ばれる。均衡価格P_0と限界効用が一致する点Fで消費者余剰が最大となるが、点Fを超えて追加的にX_0より需要量を増やせば、価格より評価の値が下回るので消費者余剰は最大値から減少してゆく。価格P_1のときに需要量X_1（消費者余剰は△ABCで最大）といった、当初から見てきた価格に対し需要量が決定するという需要曲線上の関係の背景には、余剰分析から見て消費者余剰を最大とする需要者たちの合理的な行動が見て取れる。

2　生産者余剰

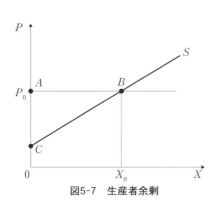

図5-7　生産者余剰

次に供給曲線より生産者余剰（利潤と固定費用）を考える。図5-7は完全競争市場での供給曲線のグラフである。市場全体としての供給曲線は限界費用曲線を表すので、供給曲線の各点の高さは限界費用である。またP_0より引かれた水平の線は均衡価格の高さを示している。企業が1単位の財の供給をしたとき、その価

格（財1単位あたりの収入）から限界費用を引いたものが生産者余剰（利潤と固定費用）である。企業は利潤を最大にしたいので、価格と限界費用が一致する点B（供給量X_0）まで生産を続けるだろう。供給量がX_0のとき、収入（$P_0 \times X_0$）から可変費用（$0 CBX_0$）を引いた$\triangle ABC$が生産者余剰と呼ばれる。企業が生産量をX_0から追加的に増加させると限界費用が価格を上回り、減少させると価格が限界費用を上回る。したがって、価格がP_0のとき、生産量をX_0とすると、生産者余剰は最大となる。価格P_0で供給量X_0という供給曲線の関係の背景には、供給者の生産者余剰を最大にする合理的で経済的な行動が見て取れる。

3 社会的余剰

　市場でのすべての需要者たちの集合としての需要曲線から得られる消費者余剰は、各主体が自らの限界的な評価と価格を比較した市場取引より獲得する利益でありまた社会にとっての便益である。同様に生産者余剰も生産者各主体の限界費用と価格とを比較した利益であり、供給行動の総体としての供給曲線から説明された社会的な便益である。消費者余剰と生産者余剰を合わせた余剰の合計を社会的余剰（社会的厚生）という。この社会的余剰の増減は社会的利益（社会的損失）の増減の問題となり、総体としての経済行動や資源配分の効率性の判断基準となろう。すなわち、総余剰を最大化する取引が行われるとき、効率的な資源配分が実現している状態と判断される。

　よって政府の様々な経済政策、増減税、規制緩和、国家間の市場問題への政府対策などの効果が社会的余剰の増減で分析される。また経済政策の結果で社会的余剰が増加し政策の効果が確認できたとしても、社会的余剰の内部構成の変化の考察も大切である。たとえば社会的余剰が消費者余剰と生産者余剰の合計であるから、それが増えたとしても場合によっては消費者余剰が大きく増加し生産者余剰は減少しているかもしれない。減少分が生産者への大きな損失となるのであれば、その経済政策は生産者に拒否されるであろう。社会的余剰の増減だけでなく、消費者余剰と生産者余剰の変化への注意も大切である。

4　資源配分の効率性

完全競争市場では価格により需要量と供給量が一致して効率的な資源配分を実現する。図5-8は完全競争市場での需要曲線と供給曲線であり、その均衡点Eで均衡価格P_0、そしてX_0が需要量と供給量で一致している。このX_0の財の水準では、限界的評価と限界費用そして均衡価格がP_0で一致することとなり、消費者余剰△AP_0Eと生産者余剰△P_0EBを合計した社会的余剰の面積が△ABEで最大となる。価格の資源配分機能が働いている様子である。

もし完全競争市場としての条件が変わるような状況となり、上記で指摘したような効率性が劣るようなときに社会的余剰はどのように変化するのであろうか。今何らかの要因（政府の経済政策、規制など様々）により図5-8の市場の財がX_1までしか供給されないとする。この財のX_1までの評価の合計は$A0X_1C$の面積であるが、これに対して費用の合計は$B0X_1F$の面積である。X_1の水準での社会的余剰は$ABFC$となり、完全競争での状況より社会的余剰が△CFE（社会的損失）の分だけ減少している。X_1供給水準では点Fの限界費用と点Cの限界的評価の一致がなされない状況で、社会的余剰を増加させることができるにもかかわらず供給が止められており、過小生産の状態となっている。また供給量がX_2の水準ではどうであろうか。最適な供給量X_0からX_2まで追加的に供給を増やしているが、この追加分にかかる費用の合計は面積EX_0X_2Gである。この費用をかけた追加分の財に対する社会の評価の合計はEX_0X_2Hとなるので、この追加分を供給することでマイナスの社会的余剰△EGH（社会的損失）が発生

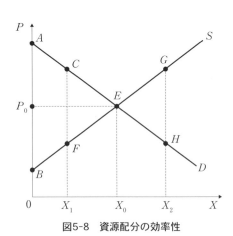

図5-8　資源配分の効率性

し過大生産の状態となっている。完全競争市場では最適な資源配分の下、社会的余剰が最大に得られるが、完全競争市場としての条件より外れることによりその効率性は失われる。

第4節　完全競争市場と不完全競争市場

1　完全競争

　ここまで市場について主に完全競争を前提としてきたが、次のような条件を備えていると完全競争市場という市場構造となる。一つはその市場に参加している需要者と供給者のそれぞれの数が非常に多いことである。またそれぞれの市場参加者の取引量（需要量や供給量）はその市場全体で扱われる取引量と比較すると非常に少ない。その市場の中で、一人の供給者が市場取引量の半分以上供給するとか、少数の需要者によりほとんどの市場の財が買われるといったことがない。よって個々の市場参加者の取引量が市場全体の取引量（需給量）に影響を与えることはない。二つ目は完全競争市場で扱われる財はすべて同質である。市場の中の財が同じであるので、ある供給者が自身の扱う財を差別化し他の供給者より優先的に多く売るといった行動はできないし、需要者は財を比較しよりよい財を求めるといった行為は必要ない。三つ目には需要者と供給者は完全な市場の情報をもっている。市場参加者内での情報の格差により、一部の人たちが有利に取引を進めたり、損をしたりすることはない。最後に需要者や供給者の市場への参加や撤退は自由である。需要者も供給者も市場に新規参入するに当たり、既存の参加者からの制約の力（参入障壁や撤退障壁など）はなく、第三者（政府など）からの制約（各種の規制、ライセンスなど）もない。このような条件下では、個々の参加者は取引価格などその市場に関わるすべてに対して何の影響力をもたないので、その市場の需給バランスより生じた均衡価格で取引しなければならない。完全競争市場の市場参加者は市場価格を与件として受け取るので、プライス・テイカー（price taker）となる。この市場では均衡価格により需要量と供給量が均

衡され、価格の資源配分機能による最も効率のよい状態とされる。

2 不完全競争市場

市場構造の一つとして完全競争市場を確認した。現実の市場では完全競争の条件をすべて満たした市場はないに等しいが、いくつかの農産物の市場のように、限りなく完全競争市場に近い市場は存在する。経済モデルの考え方の一つの基点として完全競争を理解することは重要である。完全競争の条件を一つでも満たさない市場は、不完全競争市場という。不完全競争の状態の市場は、独占的競争（価格影響力のある多数の企業）、寡占（少数の企業）、独占（企業1社）となる。また、完全競争と完全独占を対比させて、その間の市場状況を不完全競争と位置づけることもある。完全競争と不完全競争の対比の理由づけとしては、市場の価格受容性、企業が直面している需要曲線の形状、費用の在り方などである。

3 独占市場

供給者が1人（または需要者が1人）のときに独占市場というが、ここで供給企業1社の独占市場で供給量と価格決定の様子を考える。完全競争の市場参加者はプライス・テイカーとなるので、供給者は均衡価格で売りたいだけ供給することができる。よって完全競争市場での各供給者は水平の需要曲線に直面していることとなる。独占市場では、供給者が1人であるから自らの供給増は市場全体の供給をそのまま増加させるので財の価格を下げることとなる。よって独占市場の供給者は右下がりの需要曲線に直面している。需要曲線が右下がりであるので、供給量を減らせば価格は上昇し供給量を増やせば価格は下がる。

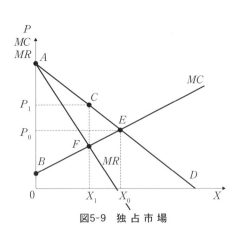

図5-9 独占市場

図5-9は独占市場の企業の需要曲線（D）、限界費用曲線（MC）、限界収入線（MR）である。限界収入（marginal revenue）は財を1単位追加的に売ったときの収入の増加分であり、限界収入線は限界収入と供給量の関係を図に示したものである。右下がりの需要曲線の下、供給量を追加的に増やせば価格が下がるので追加的な収入である限界収入も供給量の増加とともに下がってゆく。追加的にかかる費用は単位ごとに増えてゆくので、限界費用曲線（MC）は右上がりの曲線となる。

独占市場の企業でもその利潤は収入より費用を引いた分であるから、財を1単位追加的に供給するごとに、収入が費用を上回れば追加的に利潤が発生する。図5-9で限界費用曲線と限界収入線を供給の増加とともに追ってゆけば、交点Fに対応するX_1を生産することでこの企業は利潤を最大にしていることがわかる。独占市場では供給者は限界収入と限界費用が一致する水準まで供給し利潤を最大にするのである。そのときの供給者の価格設定であるが、図では点F（$MR=MC$）の供給量X_1でこれに対応する需要曲線上の点C（クールノーの点）の高さP_1が独占価格となる。

この独占価格P_1での余剰を確認すると、消費者余剰は△AP_1Cであり生産者余剰は面積P_1BFCとなる。このときの社会的余剰は面積$ABFC$であり、完全競争と比較として社会的損失が△CFE分発生している。独占価格P_1の下、過少生産で、価格の資源配分の効率性が失われた状態となっている。

4　寡占市場

寡占市場は少数の供給者（または需要者）で占めている市場である。この少数という意味は企業の数が5社、6社といった具体的なものでもあるが、一つの市場（産業）での企業の集中の程度により表現することもできる。産業の企業集中度は、まず企業の産出量、売上高、雇用量や資産額などを規模の指標として用いて、規模の大きな企業より順位づけをする。上位数社（少数）が産業の全体の規模に占める割合を集中度といい、寡占市場形成の目安となる。

寡占市場では少数の供給者の間には敵対や協力といった相互関係があるた

め、相手の行動を推測し合う。推測し合う状況であるから、そこには完全競争市場にはない不確実性が存在する。相手企業の行動は予測がつかないのであるから、たとえば価格競争は激化し互いに大きな損失を招くおそれがある。対照的に非価格競争戦略で市場占有率を上げ、また市場そのものを大きくする可能性がある広告合戦、コスト戦略、技術革新、製品やブランド差別化戦略などは激化する。

　寡占市場での協調行動としてカルテルやプライス・リーダーがある。カルテルは企業間の協定であるが法律で禁止されている行為である。しかし企業間で価格の協定が行われれば、価格は吊り上げられて参加企業すべてが不確実性の中でも利益を得ることができる。またプライス・リーダーは一つの企業が設定した価格に他の企業が追随して同様の価格設定をする。カルテルやプライス・リーダーといった協調的に設定された価格は図5-9における独占価格P_1に近似したものとなる。企業は一つのまとまりで独占価格からの利潤を享受し、そしてその利潤を企業間でいかに分けるかが次の問題となろう。完全競争市場や独占市場で見た明確な分析の切り口とは対照的に、寡占市場の企業間の推測、協調と敵対、相互依存といった複雑な関係を理解するためにゲーム理論などの様々なアプローチが試みられている。

○引用・参考文献

伊藤元重『入門経済学（第2版）』日本評論社、2001年。

金指基ほか『基礎経済学』八千代出版、1997年。

サムエルソン, P. A.・ノードハウス, W. D. 著、都留重人訳『経済学　上・下』岩波書店、1997年。

スティグリッツ, J. E. 著、藪下史郎訳『スティグリッツミクロ経済学』東洋経済新報社、1998年。

中山靖夫『ミクロ経済分析』八千代出版、1984年。

ヴァリアン, H. R. 著、佐藤隆三・大住栄治訳『入門ミクロ経済学』勁草書房、1999年。

Mankiw, N. G., *Principles of Microeconomics*, The Dryden Press, 1997.

Pluta, J. P. et al, *Microeconomic Horizons*, CT Publishing Company, 1994.

Thomas, R. P., *Economics*, The Dryden Press, 1990.

第5章 市場と価格形成　**99**

コラム：需要曲線と業界分析

電話機、ゲーム機、PC、TV、ラジオ、オーディオ機器などは個別アイテムとして、また機能においても、それらの市場（業界）のかつての境界線はより明確であった。技術の革新により市場間の境界線はとても複雑になってきている。一例として、技術革新により携帯電話が登場するとその一台で上記のような機器の機能を有することとなる。市場の境界線は複雑で、細分化された市場のセグメントは密接に重なり合う状況である。

今2つの財、X財とY財について2つの関係性を考える。一つ目にX財の価格が上昇したときにY財の需要曲線が右にシフト（需要増）したとしよう。これはX財の価格が上昇したので需要が下がり、その分代わりのY財がより多く買われた状況である。このときX財とY財は代替関係（互いに競争財）にある。二つ目はX財の価格が上昇してY財の需要曲線が左にシフト（需要減）したとする。X財とY財は補完関係（互いに補完財）にある。これはX財が価格上昇により需要が下がり、同時に買われる関係が強いY財が買われなくなった様子である。両者の例として、代替（競争）関係はコカ・コーラとペプシコーラ、補完関係はデジタルカメラとSDカードなどの記録媒体が考えられる。

この需要曲線の動きの様子を複雑な市場セグメントにあてはめれば、2財（市場間または市場セグメント間）の関係性が把握できる。もしビジネスとしてある市場セグメントに新規参入を予定したとき、どの財が競争財でどの財が補完財であるかがわかる。補完的な財を供給しているのが大企業であればその新規参入は心強いパートナーがいるようなものであるし、競争関係であるならば対策を練る必要があるだろう。経営学や様々な分野で、需要と供給などの経済理論はとても力強い分析ツールである。

第　6　章

貨幣の機能と金融活動

第1節　金融の意味

　　現代の資本主義社会の経済主体はそれぞれの経済活動の関わりによって動いている。具体的にはその経済活動の中で財（モノ）やサービスの交換がなされるが、その財・サービスを交換するための仲立ちをするものが貨幣である。貨幣の存在しなかった古代の社会においては物々交換が取引の基本であった。これは2つの点において不便であった。一つ目は取引しようとする相手が自分の必要とする物をもっていない可能性があるために交換の機会が限定されてしまうということ、二つ目には地理的に離れた相手との交換取引が困難であるという点である。また、自分のほしい財をもっている相手が自分のもっている財を必要としているといった「欲望の二重の一致」が交換成立の条件になるため、その相手を探すのに時間がかかり、生産性が著しく低下してしまう。このような不便さを解消するために生まれたものが貨幣であった。なぜなら、貨幣は誰しもが受け取るという「一般受容性」をもっているため、スムーズに交換が成立したからである。貨幣はまた、「金融」と呼ばれる貨幣の融通をする役割をも担っている。資金に余裕がある者が資金を必要とする者に資金を貸すことがこれに当たる。その際に、資金に余裕のある家計や企業はその資金を2通りの方法で融通する。一つは銀行や信用金庫などの金融機関を通じて、もう一方は金融機関を通さずに直接融通する方法であるが、これについて詳しくは第4節で述べる。「金融」は経済と非常に密接な関係をもっており、この動きを見ることによって、経済の実態を把握することができる。この「金融」というシステムにおける資金の貸借りは、

いいかえれば時間を超えた交換取引が可能になったということである。たとえば、現在資金不足であっても、クレジットやローン等で将来の消費と引き換えに現在の消費を行うことができる。このように「金融」は、資金をスムーズに流れさせ、また、融通させることによって、経済活動を活発にし、促進させる役割を担っているため、「経済の潤滑油」とも呼ばれ、経済の発展には必要不可欠なものとなっている。

第2節　貨幣の役割と分類

1　貨幣の機能と種類

　前節で物々交換は不便であるということを述べたが、その後登場した貨幣の例として貝、家畜、穀物、たばこ、貴金属などがあげられる。そして、さらにそれらの貨幣は貴金属へと収斂していった。それは貴金属のもつ耐久性、需給の安定性、同質性、分割可能性、運搬可能性などの性質が貨幣として使われるのに適当であったからである。その中でも耐久性、同質性を重視した結果、貨幣は貴金属、特に金が中心となっていったのである。なお、貨幣1単位に含まれるべき金の重量を決め、それを維持するのが金本位制であり、そのような金貨を本位貨幣という。貨幣として見た場合と商品として見た場合に同じ値打ちである場合、その貨幣を商品貨幣という。また、逆に貨幣として見た場合の方が商品として見た場合より価値が高ければ、そのような貨幣を名目貨幣と呼ぶ。貨幣の歴史は、商品貨幣から名目貨幣への変化の歴史である。

　では、このように名目貨幣へ変化していった貨幣自体の役割とは一般的にどういったものであるのだろうか。第1に「一般的交換手段」あるいは「一般的支払い手段」としての機能というものをあげることができる。消費者がモノやサービスを求める場合に売り手と買い手の媒介となるということである。

　第2には「一般的価値尺度」としての機能がある。消費者が財・サービスを購入するかどうかを判断するにはそれらの価値を知ることが必要になる。

第6章　貨幣の機能と金融活動　**103**

ジュース1本、リンゴ1個、ライブチケット1枚など、財・サービスにおいてその単位は様々であり、それらの価値を単位によって判断するのは困難である。日本においては貨幣の単位である円にそれらを置き換えることによって、その財・サービスの価値を推し測ることができるのである。

　第3には「価値の貯蔵手段」という機能があげられる。この機能があるということは、貨幣を使用せずに保存しておくことによって、将来のある時点でも同じように使用できるということである。物々交換の場合には腐ったり劣化したりすることによってこの機能が損なわれてしまうが、貨幣であれば貯蓄しておくことによって将来の出費に備えることができる。ただし、この機能は名目価値による貯蔵手段であるため、その実質価値は物価指数の変動に左右される。この機能に関しての補足として「グレシャムの法則」と「貨幣価値の変動」の2点をあげておく。まず、グレシャムの法則は、「悪貨は良貨を駆逐する」として知られている。品質のよい通貨と品質の悪い通貨が同じ額面で同時に流通する場合、質のよい通貨は保管されたり、質の悪い通貨に作り変えられたりするため、市場では質の悪い通貨が多く流通することになるというものである。

　第2点は名目上同一の額の貨幣価値も、インフレが起こると、財・サービスの購買力で測った実質価値は減価してしまうということである。結果的に、時間を経た中で価値が保存されなかったということになる。もちろん、これと逆な現象としてデフレが起きれば貨幣価値が上がるために、当時の価値と比較すれば、その価値が上昇したという意味で保存されなかったということができる。ただし、金貨や銀貨が流通していた時代と違い、現代の管理通貨制度の下で流通する貨幣は金との兌換が保証されない不換紙幣であるため、確実な実質価値の保存はできないということになる。貨幣の実質価値を維持する役割は、各国の中央銀行の金融政策によって、物価の安定を図ってもらうことにより達成することになる。

2　貨幣の条件

　貨幣のもつ3つの機能は、相互に補完的な働きをしている。いずれか1つ

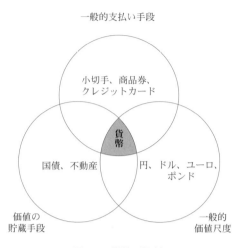

図6-1 貨幣の役割

の機能を欠いていても貨幣とは認知されない。3つの機能を併せもつ場合にのみ貨幣となり得る。

すなわち、「価値の貯蔵手段」の機能は貨幣がいつでも財・サービスに交換できるという「一般的支払い手段」の機能に裏づけられているし、また、その「一般的支払い手段」の機能には、貨幣には一般受容性が備わっており、しかも取引の媒体として世の中に出回っている間にもその価値が維持されるという「価値の貯蔵手段」の機能が期待されている。

次に、貨幣の「一般的価値尺度」の機能は、貨幣そのものに絶対的な基準となるべく「価値の保存手段」の機能が備わっていないならば、そもそも機能しなくなる。であるから、図6-1にあるように、3つの機能のうち1つを有しているものの例がそれぞれあるが、その中心にある貨幣のみが3つの機能を満たしている存在であるといえる。

3 通貨残高

通貨残高とは日本銀行を含む金融機関全体から、経済全体にお金がどの程度供給されているかを見るのに利用される指標であり、民間部門（金融機関と中央政府を除く、一般法人、個人、地方公共団体）の保有する通貨量残高を集計したものである。以前はマネーサプライ（通貨供給量、貨幣供給量）として統計が公表されてきた。しかし、ゆうちょ銀行（2007年10月に業務開始）が国内銀行として扱われるようになったことや、金融商品が多様化したことなどから、2008年6月に見直しが行われマネーストックとして公表されるようになった。通貨としてどのような金融商品を含めるかについては、国や時代によっても

第6章　貨幣の機能と金融活動　**105**

```
┌─────────────────────────────────────────┐
│        M1=現金通貨＋預金通貨              │
│   （預金通貨の発行者は、全預金取扱機関）  │
└─────────────────────────────────────────┘
┌─────────────────────────────────────────┐
│     M2=M1＋準通貨＋ＣＤ（譲渡性預金）     │
│  （預金通貨、準通貨、ＣＤ〔譲渡性預金〕の発行者は、│
│              国内銀行等）                 │
└─────────────────────────────────────────┘
┌───────────────────┐ ┌───────────────────────────┐
│        M3         │ │        広義流動性          │
│（預金通貨、準通貨、ＣＤ〔譲渡性預│ │  =M3+金銭の信託+投資信託+金融債+ │
│金〕の発行者は、全預金取扱機関）│ │銀行発行普通社債+金融機関発行CP+国債+外債│
└───────────────────┘ └───────────────────────────┘
```

図6-2　マネーストック

異なっており、一義的に決まっているわけではないが、日本の場合、対象と
する通貨の範囲に応じて、M１、M２、M３、広義流動性といった４つの指
標を作成・公表している（図6-2）。

4　マネタリーベース

　マネタリーベースとは、「日本銀行が供給する通貨」のことであり、具体
的には、市中に出回っているお金である流通現金（「日本銀行券発行高」＋「貨
幣流通高」）と「日銀当座預金」の合計値である。

$$マネタリーベース＝「日本銀行券発行高」＋「貨幣流通高」$$
$$＋「日銀当座預金」$$

　マネタリーベースの流通現金は、マネーストック統計の現金通貨と異なり、
金融機関の保有分が含まれる。これは、マネーストックが「（中央銀行を含む）
金融部門全体から経済に対して供給される通貨」であるのに対し、マネタ
リーベースは「中央銀行が供給する通貨」であるためである。

　マネタリーベースは後述する信用創造の基礎となるお金であり、銀行の預
金通貨を増やし、マネーストックを押し上げる。

第3節　信用創造と金融機関の役割

1　信用創造

　信用創造というのは、一つの銀行だけを取ると、預金を超えて貸出しを行うことはできないが、銀行組織全体を考えると、貸出しが預金を創出するメカニズムによって、個々の銀行の当初の預金を超えて貸出しが可能になると見るものである。

　一般に銀行は、預金者からの支払い請求に対応するため、常時、預金者に対してある率の支払い準備をもつ。今、仮にA銀行に10万円の預金が行われたとする。信用創造論では、分析のもとになるこの10万円を「本源的預金」と名づける。A銀行は10万円のうちたとえば2割を支払い準備に充て、残り8万円を貸出しに運用するとする。しかし貸し出される8万円は、銀行組織全体から見ると他のB銀行に預金されるかもしれない。するとB銀行は、その8万円のまた2割を支払い準備に充てて、残りを貸出しに運用する。このような過程が次々に起こり、本源的預金のたとえば8割が貸し出されると、それに伴って派生的な預金が出てくるが、その「派生的預金」に対して、それぞれコンスタントに8割が再び貸し出され、2割が支払い準備に据え置かれるとすると、次第に派生的預金の波及的拡大が発生することになる。具体的にいえば、銀行組織全体として、最初の10万円の本源的預金は、次のように派生的預金を次第に拡大していく。

　10万円＋8万円＋6.4万円＋5.1万円＋4.1万円＋……（＝50万円）ではいったい最終的に預金残高はどこまで増えていくのかというと、第8章で述べる投資乗数の理論の場合と同様に、信用乗数はこの場合

$$(1+0.8+0.64+0.51+\cdots\cdots)=1/(1-0.8)=5$$

によって求められる。0.8は「追加」される預金のうちで貸し出される比率であるので、（1−0.8）は支払準備率といえる。

以上をまとめると、最初の本源的預金がトータルでどれだけの預金増加を引き起こすかは、1/限界支払準備率という乗数によって決まる。つまり預金のうちで8割を貸出しに充てるという仮定の下では、乗数は1/(1－0.8)＝5となり、本源的預金10万円に対して5倍の50万円分の「預金創造」（信用創造）が行われたことになる。

2　直接金融と間接金融

信用創造については前項で触れたが、そこで登場した銀行は金融機関の一種である。この金融機関は資金の余剰分を資金が不足している家計や企業に流通させる仲介者の役目を果たしている。

一般的に銀行が中に入って、預金を貸出しに運用している場合、中でも長期貸出し、長期の設備資金に運用しているような場合を「間接金融」と呼ぶ。これに対し、企業が株式や社債、コマーシャルペーパー（CP）などの有価証券を発行し、それらを証券市場を通じて企業や個人に販売し資金調達を行うことを「直接金融」と呼ぶ（図6-3）。

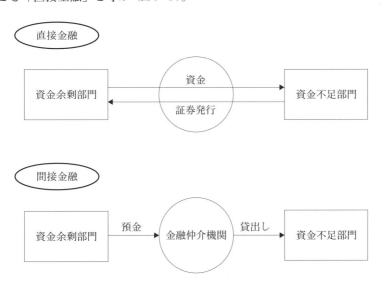

図6-3　直接金融と間接金融

108

「間接金融」の場合には、企業は銀行や保険会社などの金融機関からの借入れによって資金を調達することになる。企業の間接金融による調達の方法としては、受取手形を裏書譲渡する形式で借入れを行う手形割引や、一定期間中は一定の限度まで預金残高を超えて自動的に融資がなされる当座貸越し、借用証書を金融機関に提出し借入れを行う証書借入などがある。こうした借入金の原資は元々は個人や家計が金融機関に預け入れた資金であるから、金融機関は専門的には金融仲介機関とも呼ばれる。

3 金融機関の機能と日本の特徴

金融機関には金融仲介機能ばかりでなく、ほかにもいくつかの働きがある（表6-1）。その中でも信用創造機能と決済機能は重要である。そもそもの金融仲介機能は、端的には金融取引に伴うリスクの軽減や取引費用の節約が期待される機能であるが、細分化すると、情報生産機能（借り手の信用度を審査し、返済を監視する）、リスク負担機能（借り手が返済を履行できなかった場合に、自ら責任を取る）、資産変換機能（集めた預金をまとめて貸出しに回したり、借り手の希望に応じて貸出期間を調整したりする）などに分類することが可能である。

すでに見たように、信用創造機能は金融機関のシステム全体として、預金引受けとそれをもとにした貸出しとを繰り返すことによって、預金残高が増えていく機能であるが、これが通貨残高の増加につながる。

決済機能は、預金口座の振替で送金や支払いに充てられる仕組みである。電気代やガス代などの公共料金や家賃、授業料などの振込み、さらにはクレジットカードの引落としなども、預金口座から自動的になされる。この決済

表6-1　金融機関の機能

金融仲介機能	「資金の余剰部門」と「資金の不足部門」の仲介をする役割。情報生産機能、リスク負担機能、資産変換機能などが総合的に働く。
信用創造機能	金融機関が全体として、預金と貸出しの繰返しによって、貸出残高（信用）を増やす仕組み。
決済機能	預金口座からの振替で、送金や支払いができる仕組み。金融機関の決済ネットワークなどを背景に維持されている。

機能は、全国的な金融機関の決済ネットワークや、金融機関間の決済をする日銀ネットなどが裏づけとなって維持されている。

前項で述べた直接金融と間接金融について日本の特徴を述べておくと、アメリカなどでは直接金融のウェイトが高いのに比べ、日本では間接金融のウェイトが歴史的に高くなっている。その理由としては、日本の個人や家計が資産を運用する場合に、株式などリスクの伴うものを嫌って、銀行預金や郵便貯金などの、元本が保証され確実に利息が得られる金融商品を選択する傾向が高かったことがあげられる。つまりは資金が金融機関に集中していたということである。しかし、最近では経済環境も変化し、直接金融のウェイトも高まってきている。

第4節　金融市場と資金循環

1　金融市場の種類

金融市場の役割は、ミクロ的には、個々の経済主体の収入と支出のギャップを埋め、支出決定の自由度を高めることである。それはまた、金利の働きと相まって、マクロ的には、経済全体における資金を生産的用途に振り向けて資金効率を高め、経済の成長と安定に寄与する点にある。私企業、個人、民間金融機関の自由な活動が前提となっている自由経済の下では、資金の需給の調整および配分は金融市場における金利メカニズムによって行われるからである。

金融市場は金融的な資金の取引が行われる場所であるが、その期間によって短期金融市場と長期金融市場とに分類することができる。短期金融市場とは、期間1年未満の資金を融通する市場であり、マネーマーケットとも呼ばれる。一方、長期金融市場とは、1年以上の資金を融通する市場である。

短期金融市場は、金融機関や一般の事業法人が資金を調達する場であり、また、日本銀行が公開市場操作などを行って金融を調節する場にもなっている。そして、取引参加者が金融機関に限定されるインターバンク市場と、一

般の事業法人が自由に参加できるオープン市場に分けられる。

インターバンク市場は、金融機関が相互の資金の運用と調達を行う場であり、取引参加者は金融機関に限定されている。また、コール市場、手形売買市場、東京ドル・コール市場があり、市場では資金の出し手、取り手の間を短資会社が仲介している。

オープン市場は、法人であれば誰でも参加できる市場で、金融機関のほか、証券会社、事業法人、外国企業、公的機関が取引に参加している。オープン市場は、CD（譲渡性預金）、債券現先、債券レポ、CP（コマーシャルペーパー）、FB（政府短期証券）、TB（割引短期国庫債券）、円建てBA（銀行引受手形）などの取引市場から成り立っている。

長期金融市場は、取引期間1年以上の長期にわたる金融取引が行われる場で、資本市場（キャピタルマーケット）ともいう。長期金融市場の代表的な市場に、証券市場がある。証券市場では、有価証券の売買を行うことで資金を取引しており、企業は、証券市場で株式や債券を発行することによって資金を調達する。証券市場は、株式市場と公社債市場に大別される。

株式市場は、企業が発行する株式を取引する市場で、証券取引所がその代表である。投資家から委託を受けた証券会社が株式の売買を行う。

公社債市場は、国債や社債などの債券を取引する市場であり、公社債は、公共債（国や地方公共団体の発行する債券）と社債（企業が発行する債券）の総称である。

2　資金循環

資金は金融市場を通じて余剰部門から不足部門へと流れていることを述べたが、この流れを国民経済の経済主体ごとに家計、企業、政府、金融機関、海外部門といった部門別に分けてとらえると、マクロ的にどの部門に余剰がでて、どの部門に不足が生じているかが明らかになる。これを統計としてとらえたものが、日本銀行が四半期ごとに公表している「資金循環統計」である。

図6-4のグラフにあるように、どこが資金余剰部門で、どこが資金不足

第6章　貨幣の機能と金融活動

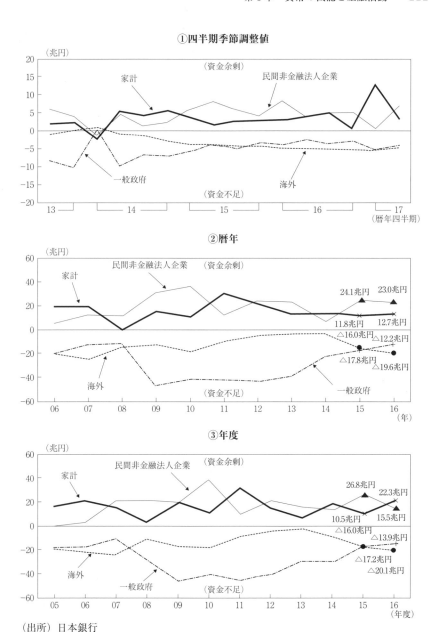

図6-4　部門別資金過不足2017年

部門であるのかが見て取れる。しかし、それは固定的なものではなく、時代によって異なっている。家計は歴史的に常に資金余剰部門になっている一方で、企業（民間非金融法人）は近年でこそ資金余剰部門になっているが、かつては資金不足部門であった。

　財政赤字を抱える日本政府は大幅な資金不足部門になっている。戦後の国債発行は1965（昭和40）年度の「昭和40年不況」時の歳入不足から始まり、その後一貫して発行残高が増加してきている。当時は「戦後最大の不況」の年といわれることが多かった。確かに1965年の実質経済成長率は5.1％で、昭和30年代の実質経済成長率（暦年ベース、年率9.6％）のほぼ半分であった。しかしこの期間中にも1958（昭和33）年のように成長率が5％台の年もあったし、また今次の景気下降局面は1964（昭和39）年11月から1965年10月までの12カ月間で、これもそれまでの景気下降局面に比べて、特に長かったわけでもない。したがって1965年の経済をマクロベースで見る限りそれほど深刻な不況とは見られない。ただ当時の企業業績は確かに悪かった。企業収益は1965年9月期まで3期連続して減益決算となり、しかもその減益幅は逐期拡大していた。その結果、総資本に対する収益率は過去の不況時を下回る低水準に落ち込んだ。その原因は販売価格の低下とコスト圧力の増大にあり、さらにその背景には過大な設備能力の存在があった。

第5節　中央銀行の役割と金融政策の有効性

1　日本銀行の3つの役割

　国民経済の金融システムや金融制度の中心となるのが中央銀行である。発展途上国では中央銀行が設立されていない場合もあるが、主要国にはそれぞれ中央銀行が設立されている。日本の中央銀行に当たるのは日本銀行である。

　日本銀行は日本銀行券を独占的に発行している。金本位制下の兌換紙幣とすると、日銀にとっては発行した紙幣は負債になる。金に兌換を求められればいつでもそれに応じなければならないからである。管理通貨制度の下では

第6章 貨幣の機能と金融活動 **113**

そのような兌換請求はないが、日銀のバランスシート（貸借対照表）において
は負債になっていることには変わりがない。しかし、この負債は名目であっ
て返済の義務がない負債であるから、日銀は発行額に等しいだけの収入を得
ることができる。この収入は荘園領主の特権になぞらえてシニョレッジ
(seigniorage) と呼ばれ、通貨発行益ないし造幣益と訳される。シニョレッジ
は、先進諸国において各年ともGDPの1％程度との推計があり、それほど
大きな額ではない。しかし、マネーストックの増加率が高い国ではこの比率
は上昇し、最も重要な収入源となっている国も少なくない。これらの国では
財政赤字を新規貨幣発行で賄っており、それがインフレを引き起こし、その
結果さらに財政赤字が拡大するといった悪循環に陥っている。

　現在、シニョレッジの利益は多くの国で国家が独占的に享受している。か
つては多くの銀行がそれぞれ独自の銀行券を発行してシニョレッジを得てい
た国もあるが、中央銀行が設立され単一の中央銀行券が発行されるように
なってからは、それが国家に召し上げられた経緯がある。EU (European
Union：欧州連合) では単一の通貨を発行しているが、そのシニョレッジはルー
ルに従って国家間で分配されている。

　日本銀行は一般企業や個人とは取引せず、銀行などの金融機関とのみ取引
を行っており、これらの金融機関から当座預金 (プラス金利、ゼロ金利、マイナ
ス金利の3階層に分割されている) を預かっている。この預金は現金と同じよう
に、入金・振替と同時に決済が最終的に完了するうえに、現金を運ぶような
手間や危険がないために、大きな金額の支払いに便利である。このため、日
本銀行当座預金は日銀と金融機関同士の資金のやり取りにも大いに利用され
ている。たとえば、各金融機関はお互いのお金のやり取りの集中的な決済を
この預金を使って行っている。銀行振込みが可能なのも、日銀を通じて各銀
行同士が相互につながっているからである。また、各金融機関は日銀から貸
付けを受けることもできる。このときに適用される基準金利が公定歩合であ
る。

　金融システムを安定させることも日銀の大切な役割である。このため、銀
行の預金・貸出しの動向などを把握したり (モニタリング)、資産内容やリス

ク管理体制をチェックするために、定期的に立ち入り検査（考査）も行っている。また、万一金融システムの一角で支払い不能などの事態が発生し、それが他にも波及するような危険が予想されるとき、そうした事態を未然に防ぐために緊急の貸出しを行う場合がある。この機能は「最後の貸し手」機能と呼ばれている。

　金融機関のほかに日銀に口座をもつのは日本政府である。日銀は国庫金の出納事務のすべてを扱うことになっており、この口座には全国から集められた税金・社会保険料や交通反則金などが入る。また、公共事業費・社会保障関係費などの支払いに必要な資金はこの口座から出る。このような国庫金の受払い等も日本銀行は行う。

　こうした業務は膨大な量にのぼるため、日銀は民間の金融機関の多くの店舗に、国庫金の受払いに関する事務を日銀の代理として委託している。これらの店舗は、日銀に代わって国庫金を取り扱っているが、最終的には日銀にある政府預金口座に収めることになる。このほか国債の発行、流通および償還事務については、日銀で一元的に取り扱っている。また、「外国為替資金特別会計」で政府が保有している外貨の管理事務も日銀の業務になる。このうち、民間銀行との外為の売買がいわゆる「介入」であり、日銀は財務大臣の代理人という立場で市場介入を行っている。

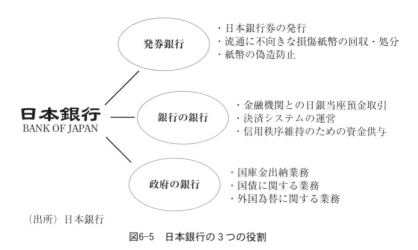

（出所）日本銀行

図6-5　日本銀行の3つの役割

第6章　貨幣の機能と金融活動　**115**

以上のような日銀の役割をまとめると、図6-5のように発券銀行、銀行の銀行、政府の銀行というようになる。

2　金融政策

日銀法には、日本銀行は、通貨および金融の調節を行い、特に物価の安定を図ることを通じて国民経済の健全な発展に資することを理念とすると謳われている。これが、日銀が行う金融政策といわれるものである。日本銀行が行う金融政策は主に公開市場操作を通じて金利を変動させるものである。この金利政策は市中の金利水準を左右し、企業の資金需要を調整する方法である。ただ、ケインズ経済学が登場して以来、金利政策の効果に疑問がもたれるようになり、このような金利政策がそのまま有効な役割を果たすかどうかは、必ずしも明確でないとされてきた。

この「公開市場操作」(Open market operation) は、日銀が国債その他の債券の売買によって資金の調整を行うもので、「売りオペ」の場合は日銀が債券を銀行に売ることによって市中の資金がそれだけ吸い上げられ、「買いオペ」の場合は逆に債券を銀行から買うことによってそれだけ市中への資金が放出される。そしてそれによる「流動性」および「利子率」に対する影響を通じて資金の調節が行われる。

その他の金融政策として「支払準備率操作」があるが、わが国ではあまり重視されてこなかった。しかし、1991（平成3）年秋に、公定歩合を引き下げる前にこの政策が取られる例があった。

かつて日本銀行の主な金融調節手段は、オペレーションではなく、「公定歩合」により金融機関に貸出しを行うことであった。また、規制金利時代には、預金金利等の各種の金利が「公定歩合」に連動していたため、「公定歩合」が変更されると、こうした金利も一斉に変更される仕組みになっていた。このため、「公定歩合」は金融政策の基本的なスタンスを示す代表的な政策金利であった。

しかし、1994（平成6）年に金利自由化が完了し、「公定歩合」と預金金利との直接的な連動性はなくなった。この連動関係に代わって、現在、各種の

金利は金融市場における裁定行動によって決まっている。こうした状況のもと、かつての「公定歩合」は、現在、「基準貸付利率」と呼ばれ、「補完貸付制度」の適用金利として、無担保コールレート（オーバーナイト物）の上限を画する役割を担っている。

コラム：金融業界の発展とリーマンショック

　2008年9月15日、アメリカの投資銀行大手リーマン・ブラザーズはアメリカ連邦破産法第11条の適用を申請し破綻した。ショックと名のついた理由は主に2つあると考えられる。一つ目は世界的にも有名な投資銀行であったリーマンが破綻するということは予想できなかったこと、二つ目にこれほど大きな金融機関であれば国が公的資金などを注入して救済すると思われていたことであった。アメリカの金融機関が経済成長の牽引車となっていった要因には規制緩和の存在が大きく、金融工学の発展と相まってよりハイリスク・ハイリターンの取引が増大していった。こうしたリスクの代表例がサブプライムローンであり、このローンを証券化することにより、世界中にリスクが拡散してしまったのである。結果的にそうした金融商品を大量に抱えていたリーマンやCDS（Credit default swap）によってそれらのリスクを引き受けていたAIGが巨額の損失を計上するに至った。規制緩和により急速に発展してきたアメリカの金融業界であったが、それはまたリスクに対する脆弱性の高まりという弊害を生んだ。その戒めの象徴としてのリーマンショックを忘れてはならない。

○引用・参考文献

岩田規久男『金融入門』岩波新書、1999年。

奥野正寛『ミクロ経済学入門』日本経済新聞社、1982年。

上川孝夫・藤田誠一・向壽一『現代国際金融論』有斐閣、2007年。

ケインズ, J. M. 著、塩野谷祐一訳『雇用・利子および貨幣の一般理論』東洋経済新報社、1995年。

シュムペーター, J. A. 著、塩野谷祐一ほか訳『経済発展の理論——企業者利潤・資本・信用・利子および景気の回転に関する一研究——　上・下』岩波文庫、1977年。

白川方明『現代の金融政策——理論と実際——』日本経済新聞出版社、2008年。

中谷巌『マクロ経済学入門』日本経済新聞社、1982年。

藤原秀夫『マクロ貨幣経済の基礎理論』東洋経済新報社、2008年。

村瀬英彰『金融論』日本評論社、2006年。

ロジャーズ, C. 著、貨幣的経済理論研究会訳『貨幣・利子および資本—貨幣的経済理論入門—』日本経済評論社、2004年。

第 7 章

政府の機能と財政活動

第1節　政府の機能

1　財政とは何か

　財政（public finance）とは、政府が支出し収入をあげる経済行為のすべてである。政府の経済や国家の経済とも称される。財政では、政府の活動によって生じる貨幣現象に着目する。それを示す典型例が、予算である。なお、財政といった場合、一般的には国によるものを指し、地方財政（local public finance）は別に扱うことが多い。

　SNA（国民経済計算）では、中央政府（連邦制国家の場合は連邦政府と州政府）、地方政府、そして社会保障基金が一般政府（general government）を構成する。また、公的需要ということでは、一般政府に公的企業が加わる。

2　資源配分

　財政の存在理由は、本源的役割と派生的役割に大別できる。本源的役割としては、政府が国民のニーズに基づき、統治に必要な財やサービスを提供する資源配分にある。ただし、提供される財やサービスは、原則として公共財に限られる。

　公共財とは、市場の失敗が存在することにより、市場に任せていては供給や整備が不可能な財やサービスのことである。公共財の性質として、排除不可能性や非競合性があげられる。排除不可能性は、対価の支払いに関係なく財やサービスを利用可能なことであり、非競合性は、便益が特定の個人や法

人だけでなく同時に多数に及び、一人の利用が他の人の利用を妨げないことである。公共財は、供給量が共通に与えられ需要量が決まり、その評価は利用者のみが知り、社会的に知ることは困難である。

　民間企業によって供給が可能な私的財を政府が提供すると、市場による最適な資源配分や効率性を妨げることになる。ただし、外部性が存在する場合や費用逓減産業においては、その限りではない。外部性とは、経済活動による経済的影響が市場を介さず取引の第三者に及ぶことで、受け手にとって望ましくないもの（例：工場の騒音）を外部不経済、受け手に望ましいこと（例：商業施設オープンによる周辺地価の上昇）を外部経済という。外部性が放置されると、資源配分に歪みが生じる。そこで、政府が市場に介入し、外部不経済の発生源に課税したり、被害者に補助金を交付したりといった政策によって、市場の失敗が補正される。費用逓減産業とは、電気・都市ガス・水道など、大規模設備が必要で総費用の多くを固定費用が占める産業のことである。こうした産業では、供給規模の拡大によって平均費用が低下を続けるため、市場に任せておくと独占による価格上昇や過剰競争による供給不安定を生みやすい。費用逓減産業には、政府が直接供給したり、仮に民間に供給を委ねる場合でも規制したりといった対策によって独占や過剰供給などの抑制が可能となる。

　公共財に限っても、提供する量は市場によって必然的に導かれるわけではない。たとえば教育サービスは、民間でも供給可能だが、低廉で十分な量を確保することは困難である。社会保障についても、何をどこまでするかは結局国民の意思により決まることになり、最適供給量を導出することは困難である。財政の範囲は、政府の役割の範囲によって決まるといってよい。つまり、政府は何をすべきかという国民のニーズから政府の範囲が規定され、国民や住民の同意に基づく財源調達がなされ、財政の範囲が決まる。もちろん、税負担の同意が得られなければ、政府の範囲を再検討することになる。

　政府や財政の範囲は、一概に規定できるものではない。18世紀の夜警国家と称される時代、政府の役割は現代と比較してかなり限定的に考えられていた。たとえばスミス（Smith, A.）は『国富論』において、主権者が一般財源

で賄うのは国防と司法、大規模公共事業、そして主権者の尊厳を保つ支出のみと論じている。

一方、第2次世界大戦後の主要先進国の多くでは、政府が国民生活全般に積極的な役割を果たすようになった。その代表的な分野が、社会保障である。ドイツの社会保険計画（1881年）など、第2次世界大戦前にも社会保障はあったが、現在に近い制度が整備されたのは、多くが第2次世界大戦後のことである。

3 所得再分配

財政の派生的役割としては、まず所得再分配がある。市場における所得分配は、必ずしも能力や努力に比例するわけではなく、社会全体で見て公正な結果になるとは限らない。そこで、財政のメカニズムを通じて、所得や資産の比較的豊かな人から、様々な理由により貧しい状況にある人へ所得移転を行う。現在では、財政の機能として所得再分配は非常に重要である。

所得の平等度を測る指標に、ジニ係数がある。全員の所得が等しい場合ジニ係数は0で、一人が全所得を独占すると1になる。厚生労働省「所得再分配調査」では、2014年の当初所得における日本のジニ係数は0.57で、高齢化や非正規雇用の増加などを主な要因として、1984年の0.40と比べ0.17ポイント上昇している。しかし、再分配所得は0.38と当初所得を大きく下回るうえ、1984年の0.34と比べ0.04ポイントの上昇に留まる。所得再分配後のジニ係数をOECD諸国で国際比較すると（2014年）、ノルウェーやデンマークの0.25など北欧諸国が低いのに対して、アメリカの0.39、メキシコ0.46、チリ0.47と南北アメリカに高い数値の国が多い。

所得再分配には、財政の支出・収入の両面が活用される。支出面の中心は、国民の健康の確保や生活の安定などに貢献するための社会保障制度である。日本では、公的扶助、社会保険、社会福祉、公衆衛生の4分野あり、このうち所得再分配には公衆衛生以外の分野が主に用いられる。

公的扶助は憲法第25条で保障した生存権を確保するための制度であり、最終的なセーフティ・ネットの役割を果たす。社会保険は、保険原理適合分野

に、原則保険加入者の負担で給付を賄う制度である。日本の社会保険制度には、医療保険、年金保険、介護保険、雇用保険、労働者災害補償保険がある。これらの社会保険は、介護保険を除き比較的多くの先進国で整備されている。ただし、イギリスやスウェーデンのように医療を税方式で運営している国や、カナダやデンマークのように公的年金を税方式で実施する国もある。社会福祉は、児童、母子、高齢者、障害者等が社会生活に必要な能力を育成、補強、回復するための制度である。

このほか、所得に応じた教育費の減免や補助、所得制限つきの公営住宅への入居や家賃補助なども所得再分配に資する。

収入面では、所得の高い人ほど税負担の比率が高くなる形の税制などが活用される。まず、一定の所得に満たない部分には課税されない。個人所得課税の税金がかかる最低限の収入を、課税最低限という。そして、所得に応じて適用される税率（日本の所得税は5〜45％の7段階）が変わる超過累進課税制度がかかる。また、所得が低い人への社会保険料の免除なども含まれる。

4　経済安定化

財政の派生的役割の第2に、財政政策によって景気の振幅の抑制を図る経済の安定化があげられる。財政政策の目的は、大きく2つに区分される。第1に、景気刺激による失業者の減少や所得の増加を目指すものである。第2に、景気過熱によるインフレの防止である。インフレは全般的な物価上昇だけでなく、資産インフレなども含む。このほか、特定産業の保護や、産業構造の変化を促すことなども、財政政策の目的に含む場合がある。

財政政策の種類にも、大きく分けて2つある。それが、受動的な財政政策と能動的な財政政策である。一般的に財政政策といった場合には、能動的なものを指すことが多い。その手法は、景気刺激の場合、個人所得課税や法人所得課税などの減税、公共事業などの財政支出拡大、そして財政投融資の拡大があげられる。一方、景気過熱の防止には、その逆の政策が用いられる。

財政政策には、直接効果と波及効果が期待される。直接効果とは、支出による一次的な効果のことを指す。たとえば公共事業の追加であれば、用地費

分などを除いた公的固定資本形成が増加し、GDPの増加につながる。波及効果とは、二次的・三次的効果のことである。初期需要が派生需要を生み、生産や所得が雪だるま式に増える過程を乗数プロセスという（乗数について詳しくは、第8章第4節を参照）。財政政策による効果が大きくなるには、消費意欲の高さや個人所得課税の税率の低さなどが条件となる。また、公共事業については、用地費が少ない、計画から実施まで短時間、関連産業の裾野が広いことなども大事である。

　財政政策には副作用もある。日本の高度経済成長期の1966年度に見られたような、いわゆるV字型の景気回復で大幅な税収増をもたらさない限り財政赤字が拡大することや、クラウディング・アウトや金利の上昇などにつながるおそれがある。

　受動的な財政政策とは、ビルトイン・スタビライザー（built-in stabilizer：自動安定化装置）である。これは、財政制度にあらかじめ仕組まれ、自動的に景気変動を抑制する効果を発揮するもののことである。歳入面は、累進制の個人所得課税と法人所得課税を中心とする税制が担っている。累進制の個人所得課税の下では、不況になり個人の所得が減少すれば、適用される税率が低くなる。それにより、税引後の手取所得が、税引前の所得の落ち込みに比べ緩やかになる。歳出面の代表的なものとして、雇用保険や生活保護、児童手当のような所得制限つきの各種補助金があげられる。これらは、不況になれば受給者が増加することで景気の落ち込みの下支えになる。

第2節　予算と施策

1　経費膨張の法則・タイム・ラグ仮説・転位効果

　政府の役割や財政規模は、恒常的に膨張するという仮説がある。それが、ワグナー（Wagner, A.）による経費膨張の法則である。経費膨張の法則によると、国の発展とともに国民のニーズが高まり、教育や社会保障分野などへの支出が拡大を続ける。ただし、こうした経費膨張が、必ずしも実際に発生し

ているとは限らない。たとえば小さな政府論などは、説明がつかない。

ワグナーの弟子に当たるティム（Timm, H.）のタイム・ラグ仮説によると、政府支出の膨張は所得の増加と同じ速度ではなく、時間の遅れ（ラグ）を伴って発生するという。ラグの発生要因を、ティムは４つあげる。まず、自然的ラグである。経済の発展がある一定水準にならないと、行政サービスへの需要が高くならない。第２に体制的ラグで、一般大衆の所得の増加は、国全体の経済発展よりも遅れる傾向にあり、行政サービスへの需要の高まりが遅くなる。第３は、制度的ラグである。国が発展して人々の所得が増大しても、制度を実現するには時間がかかる。そして第４が、イデオロギー的ラグである。これは、伝統的に政府支出をできるだけ小さくすべきだという考え方があることから生じる遅れである。

戦争などの突発的な経費の膨張が、以降の財政規模の水準に大きく影響を及ぼすという仮説もある。それが、ピーコック＝ワイズマン（Peacock, A. & Wiseman, J.）による転位効果である。ピーコック＝ワイズマンは、イギリスにおける第１次・第２次世界大戦それぞれの前後における政府支出や税負担などを検証した。その結果、戦争によって拡大した財政規模がその後も一定程度維持され、その規模に見合う政府の役割の拡大が見られるという。戦費調達のために増税をし、戦後は戦時に発行した公債の元利償還負担などの理由でそのすべては元に戻さず、結果として得られる戦前より大きな税収規模に見合う分の役割を、政府が果たすようになるというものである。

2 財政民主主義

財政は国民生活に不可欠であり、民主的なルールの下で策定・運営されなければならない。予算を中心とする日本の財政ルールを考えてみる。

日本国憲法では、第７章を財政として日本財政の根幹となるルールを定めている。その根底にある考え方は、国民主権を財政面で明示した財政民主主義である。まず、財政処理に必要な各種権限について、国民の意思決定による国会議決原則を規定している（第83条）。特に現在や将来の国民負担につながる国費の支出・公債の発行は、国会の議決を求めている（第85条）。ただし、

国費の支出に関する国会議決原則には、予期せぬ事態の発生に備えた例外として、予備費の設置を認めている（第87条1項）。使用した予備費は事後に国会の承諾を必要とする（第87条2項）。そして、公権力が国民に金銭的債務を一方的に賦課する新税の導入や税の変更には、法律を不可欠として政府による勝手な課税を禁じる（第84条）。この租税法律主義は、古くは1215年制定のマグナカルタ（大憲章）に遡る。

国会の審議権確保のため、予算は会計年度ごとに国会で議決する単年度主義が求められている（第86条）。ちなみに、ここで「予算」とは、特別の議決形式を意味する。予算が法律と異なる点は、まず、予算の編成・提出権が内閣にのみ認められていることである（第86条）。また、国会における審議および議決内容についても衆議院が優先される（第60条）。

財政民主主義は、皇室財産にも及ぶ（第88条）。皇室財産の国への帰属を宣言し、皇室経費を国費で提供する。そして、国会は皇室経費について他の経費と同じ権限をもつ。また、公の財産使用を制限することにより、政教分離の原則を財政面でも明示している（第89条）。財政民主主義の考え方は、予算だけでなく決算にも反映されている。会計検査院に内閣から独立した地位を与え、決算内容のすべてを毎年検査する（第90条）。さらに、国会および国民に財政状況の定期的な報告を内閣に義務づけている（第91条）。

憲法以外でも、財政法などで財政民主主義を担保する制度が設けられている。代表的なものとして、まず予算単一の原則があげられる。単一会計での一体経理により国の施策全体を見渡すことで明確性と健全性を確保する。これに基づき設置されるのが一般会計であり、一体経理だと逆にわかりづらくなる場合に例外として特別会計が設置される。また、健全性の確保のため、予算では歳出と歳入を相殺せず、両建てで整理する総計予算でなければならない。同じく財政の健全性の確保のため、会計年度独立の原則、すなわち各会計年度の経費を当該年度の歳入で支出しなければならない。会計処理では、明確性の確保のために現金授受の時点で損益を整理計算する現金主義が採用される。ただし、特別会計では、一部で発生主義も取り入れられている。

3 歳出の分類

　ここでは、日本における国の一般会計歳出の内容を考察する。国の仕事は
そのほとんどが経費を必要としているため、国の施策全体の概観につながる。

　まず、予算の内容を見るには、使途別分類、経費別分類、所管別分類があ
る。このうち使途別分類は、国民経済への還流形態で区分する。政府が支出
した資金は、何らかの形で家計や法人などに流れる。その流れ方により区分
するもので、人件費、物件費、施設費、補助費、他会計へ繰り入れ、などに
分けられる。ただし、昨今の一般会計のうち、国債費や社会保険の国庫負担
金、地方交付税交付金といった他会計すなわち特別会計への繰り入れが予算
の過半を占めているため、使途別分類は注目されなくなっている。

　経費別分類は施策で区分したもので、予算解説などで最も頻繁に用いられ
る。経費別分類で見た2018年度当初予算の最大費目は社会保障関係費であり、
歳出全体の約3分の1を占める。その他、規模の大きな費目として、過去に
発行した国債等の元利償還費などの国債費、地方公共団体に交付する地方交
付税の財源のために原則として国税の一定比率を充当する地方交付税交付金
がある。これら3費目に続くのが公共事業関係費、文教及び科学振興費、防
衛関係費である。経費別分類では、基礎的財政収支対象経費とそれ以外（国
債費）、一般歳出とそれ以外（国債費と地方交付税交付金等）の区分もできる。ま
た、経費別分類の推移は、重点施策の変遷でもある。

　所管別分類は、中央の省庁などで所管経費を区分したものである。予算書
は、基本的に所管別分類による。所管別分類で見る場合、歳出額の大きさが
各省庁の重要度や権限の大きさを示すのではない点に注意が必要である。

第3節　財源調達

1　税の特徴

　公共サービス提供のための財源調達が税本来の役割であり、加えて所得再

分配機能や経済安定化機能も期待されている。

　税には多くの特徴があり、それを把握することで、意義や影響力などをより理解することができる。その第1として、税の本源的機能に根ざした公益性があげられる。財源調達には、一定の収入を継続して確保する必要がある。ただし、公益性以外の目的もあり、たとえば個人所得課税の累進税率は税収確保に加え所得再分配の意図があり、関税では国内産業保護が目的となる。また、炭素税のような環境税は、税収の減少が課税目的と合致する。

　税の特徴の第2として、権力性をあげることができる。一方的に課徴され、逃れることは許されない。第3の特徴は、非対価性である。税を負担したからといって、何らかの反対給付があるわけではない。あくまで受益は公共サービス全体から得ると考えられる。第4の特徴は、応能性である。課税に際しては、税を負担可能な能力、担税力のあるものに課税する。税の5番目の特徴は、金銭徴収の原則である。公共サービス提供のために課税するので、現金が必要である。そのため、物納は原則として認められていない（相続税は例外）。

2　租税原則

　社会全体で財源を支えなければ、公共サービスの提供は不十分で不安定なものになる。そこで、望ましい税の条件が多くの識者から提起されている。それが、租税原則と呼ばれるものである。租税原則の例として有名なものは、スミスの4原則、ワグナーの4大原則・9原則、マスグレイブ（Musgrave, R.）の7条件である。公平性をはじめ多くの共通点がある一方、ポイントの置き方や経済との関連など相違点もある。

　スミスの4原則では、第1に、税負担は各人の担税力に応じたものでなければいけない公平平等をあげる。そして第2に課税の時期・方法・金額は明確なもので恣意的ではならないという明確をあげる。そして第3として納税便宜、第4に徴収費の節約を掲げる。ワグナーの4大原則・9原則では、大原則の第1を財政政策上の原則として、収入の十分性と収入の弾力性の2つの原則を示す。そして大原則の第2である国民経済上の原則として、税源と

税の種類に関する選択の妥当性を求める。第3の大原則は公正の原則であり、課税の普遍性と課税の公平性を掲げている。第4の大原則は税務行政上の原則で、明確性、便宜性、最小徴税費をあげる。マスグレイブの7条件は、公平、中立、十分、負担、経済の安定と成長、明確性、費用最小、である。

こうした原則の中で、特に公平の扱いが難しい。公平には、水平的公平と垂直的公平の2つの含意がある。どちらを優先すべきかなど、議論の余地は大きい。また、水平的公平と垂直的公平そのものにも、色々な考え方がある。水平的公平とは、同じ経済力の人は同じ税負担という原則だが、経済力の定義で意見が分かれる。まず、所得の種類の違い、すなわち継続的かつ反復的な所得と一時所得、勤労所得と不労所得、などに経済力の差を見い出すかどうか。各人の状況の違い、たとえば扶養者の有無、健康状態、年齢なども経済力に反映させるべきか意見は様々である。垂直的公平とは、経済力の大きさに応じた税負担が望ましいとする考え方である。経済力の定義に関する議論に加え、課税最低限の水準、税率は比例税率か累進税率か、累進税率にしてもどの程度の累進制を求めるかで議論は分かれる。

3 税 の 分 類

2018年度当初予算および地方財政計画において、日本の総税収は102兆円である。多くの税目があり、様々な種類のものが含まれている（表7-1）。いくつかの視点から税を種類分けすることで、税制の特徴を見い出すことができる。

まず、税を賦課・徴収する主体による分類で、国税は2018年度で63兆円、地方税は40兆円となっている。2018年度の国税の最大税目は所得税で、それに消費税、法人税と続き、これら3税目は10兆円超の税収がある。地方税の最大は固定資産税で、市町村民税（所得割）が続く。

どのような対象に担税力を見い出しているかという課税ベースも、税体系を見るうえでよく用いられる。課税ベースには、個人所得課税、法人所得課税、消費課税、資産課税がある。日本の2017年度における個人所得課税は32％、法人所得課税が21％、消費課税31％、資産課税16％である。欧米主要

第 7 章　政府の機能と財政活動　**129**

国と比べた日本の特徴としては、各課税ベースへの分散、法人所得課税の比率の高さ、欧州諸国に比べた消費課税の比率の低さがあげられる。

　納税者と担税者の関係に注目することもある。納税者と担税者の一致を予定する税を直接税（所得税や相続税など）、不一致を予定している税を間接税（消費税や揮発油税など）という。納税者とは、申告等を行い国などに実際に税を納める者、担税者はその税を実質的に負担する者である。

　税には、あらかじめ使途を特定しているものもある。使途を定めない税を

表 7-1　日本の税目一覧（2017年度）

		国税	地方税	
			道府県税	市町村税
個人所得課税	直接税	所得税 復興特別所得税	道府県民税（所得割・個人均等割・配当割・利子割・株式等譲渡所得割） 事業税（個人）	市町村民税（所得割・個人均等割）
法人所得課税	直接税	法人税 地方法人税 地方特別法人税	道府県民税（法人税割・法人均等割） 事業税（法人）	市町村民税（法人税割・法人均等割）
消費課税	直接税	−	自動車税 鉱区税、狩猟税	軽自動車税 鉱産税
消費課税	間接税	消費税、酒税、たばこ税 たばこ特別税、揮発油税 自動車重量税、地方道路税 石油ガス税、石油石炭税 航空機燃料税 電源開発促進税、とん税 特別とん税、関税	地方消費税 道府県たばこ税 ゴルフ場利用税 軽油引取税 自動車取得税	市町村たばこ税 入湯税
資産課税	直接税	相続税 贈与税	固定資産税(特例分) 水利地益税	固定資産税 都市計画税 特別土地保有税 水利地益税 宅地開発税 共同施設税 事業所税
資産課税	間接税	登録免許税、印紙税	不動産取得税	−

（注）法定外税は除く。特別土地保有税は、2003年度以降課税停止中
（資料）地方税務研究会編『地方税関係資料ハンドブック』地方財務協会、2017年、財務省主税局編『税制主要参考資料集』財務省主税局、2017年により作成

普通税、税法で特定の使途に充当する税を目的税という（税法以外で使途を特定する税は特定財源と呼ぶ）。目的税の場合、受益と負担の関係がわかりやすい。しかし財政には、特定の収入に特定の支出を結びつけるべきではないというノン・アフェクタシオン（non-affectation）の原則があり、財政民主主義の観点から望ましい税とはいえない。そのため、2018年2月現在の国税の目的税は電源開発促進税と航空機燃料税、特定財源は石油石炭税と航空機燃料税だけであり、他の主要先進国においても普通税が一般的である。

　人税と物税の区分も重要である。人的側面に着目する人税は、課税に際して各人の事情を考慮できる。その代表例である所得税は、様々な事情に応じて負担する税額が変わる。一方、物的側面に着目する固定資産税や消費税など物税では、課税物件の所有者や消費者などの事情とは関係なく課税される。

4　建設公債の原則

　税だけでは恒常的な財源の充足は困難で、多くの国は公債を発行している。しかし公債発行は、1998年のロシアや2002年（宣言は2001年）のアルゼンチンで起きた債務不履行（デフォルト）をはじめ、悪影響も懸念されるため、各国は発行に当たり制約を設けている。日本の場合、その中核が建設公債の原則である。

　財政法第4条ではまず、公債不発行を謳っている。これは、戦費調達に公債が使われたこと、そして戦後のハイパー・インフレ（hyper inflation：物価の急激な上昇）の発生を招き国民生活を破壊したことへの反省に基づく。同条では続いて、公共事業費、出資金、貸付金には例外として公債を発行可能としている。公債発行を条件つきながら認めるのは、財政の柔軟性確保のためである。こうした公共事業等の財源のみ公債発行を認めることを、建設公債の原則という。公共事業等が例外となるのは、まず対象範囲を限定し公債発行の上限を設け、健全性を確保する狙いがある。そして公共事業等は受益が将来に及ぶので、後世代に受益なき負担を負わせるわけではないことがある。建設公債の対象は、一定の耐用年数をもつ構造物の建設費の一般財源分などで、毎年度の予算総則に公共事業費として明記され国会の議決を受ける。

制度としては厳格な建設公債の原則だが、現実には、特例法により経常的経費に充てる赤字公債（または特例公債）を恒常的に発行している。

5　財政赤字

一般的に、財政の収支尻において支出が収入（国債を除く）を上回る状態を財政赤字という。また、累積した債務のことをいう場合もある。財政赤字を示す指標には様々なものが存在し、それぞれ一長一短がある。

まず、フローの財政赤字として頻繁に用いられる指標が、国の一般会計の新規国債発行額である。予算と直結し明確だが、財政状況が的確に示されない欠点がある。一般会計の歳出に国債償還費を含むうえ、国債以外に借入金などが存在する。その点、純資産（負債）増加額を意味する財政収支は、財政状況をよく示している。しかし、財政収支はSNAの資金過不足から算出するため、わかりづらいうえに確報値を得るまでに時間がかかる。また、経済の拡大に合わせて許容される財政赤字の大きさを変えることが難しい。負債と経済規模の関係を考慮できるのは、歳入から公債収入を控除したものと、歳出から元利償還費を控除したものの差額で示されるプライマリー・バランス（基礎的財政収支）である。プライマリー・バランス均衡下で名目GDPの伸び率と国債の加重平均利率が等しいと、国債発行残高の名目GDP比が一定になる。赤字の場合、国債発行残高の名目GDP比が上昇する。財政収支同様にわかりづらく予算と直結しないこと、前提条件が崩れると、均衡下でも国債発行残高の名目GDP比が変化する欠点がある。

ストックでは、国債発行残高が頻繁に用いられる。国債発行残高には、財投債を含むものと含まないものがあり、注意が必要である。ただし、財投債を含めても、政府の債務残高を網羅しているわけではない。そこで、国債発行残高に地方債発行残高、そして借入金残高を加えた政府長期債務残高を用いることで、対象範囲が広くなる。しかし、年度越し短期債や国庫債務負担行為がある一方、政府保有資産を無視しているという指摘もある。それらを幅広くとらえた試みとして、政府のバランスシートがある。ただし、国と地方を網羅できていない、金融負債と売却が不適当な資産（道路や橋など）を同

列に論じている、などの問題点も多く使い勝手が悪い。

6　財政赤字の問題点

　財政破綻の状態としては、デフォルトや債務返済の繰り延べ（リスケジュール）の発生がある。第2次世界大戦直後の日本のような、財政赤字によるハイパー・インフレの発生も破綻の状態といえる。

　財政赤字の問題は、破綻の状態以前にも多くを指摘できる。マクロ経済への影響として、まず金利の上昇やインフレの発生があげられる。財政赤字の拡大は貨幣需要の増加につながり、資金量が不変ならば金利の上昇要因となる。そして、金利の上昇は貨幣価値の低下を意味するので、インフレを引き起こす可能性がある。また、クラウディング・アウト（crowding out）発生の可能性を指摘できる。これは、財政赤字が民間資金を「押し出す」ことである。さらに、財政赤字が将来のインフレにつながると評価されれば、当該国の通貨の下落要因になり、輸入インフレが発生するおそれがある。

　後世代への負担転嫁の可能性も指摘できる。後世代への負担転嫁の問題は、負担や受益の定義、前提条件などによって結論が分かれる。ただし、世代間の公平を阻害する可能性のあることは、踏まえておく必要があるだろう。

　財政赤字による問題が発生するかどうかは、考え方、定義、経済状況などにより異なる。日本におけるマクロ経済への影響について、考えてみよう。

　日本の現状は、フロー・ストックともに世界一財政状況の悪い国の一つといえる。そして、今後を展望すれば財政赤字の膨張要因が多い一方、財政赤字によるマクロ経済への悪影響は現状でほとんど出ていない。その背景には、国内で資金調達可能なので海外から資金を調達する必要性が乏しいことや、景気低迷が続き企業の投資資金需要が活発ではないこと、日本銀行による量的・質的金融緩和に基づく大量の国債購入などがある。しかし、こうした状況が永遠に続くとは限らない。家計の金融資産残高については、家計の貯蓄が高齢化によって増加ペースを緩めるか、減少に転じる可能性を指摘できる。経常収支についても、第一次所得収支は黒字でも、高齢化に伴う財政支出の拡大のうえ、家計の貯蓄率が低下し、ある程度企業の投資も増えてくると、

黒字を維持できるか不明である。

第4節　財政投融資

1　意義と役割

　財政投融資とは、国の制度や信用を利用して集めた有償資金を原資に行う政府の投資や融資のことをいう。国民生活への影響は大きく、第2の予算などと呼ばれることもあるが、その内容は予算とかなり異なる。最大の相違点は、金利をつけて将来返済する有償資金を用いることにある。予算では、返済義務のない無償資金、すなわち税金が財源である。予算における国債は、その返済財源が税金と想定されているため、ここでいう有償資金には含まない。予算との相違点として、投資や融資に限定している点も重要である。財政投融資は、SNAでは公的企業と位置づけられ一般政府には含まない。

　財政投融資により、空港や高速道路など社会資本整備が進み、政府系金融機関を通じて中小企業が振興され、地方公共団体における下水道整備などが進められる。それに加え、景気調整機能を期待することがある。しかし、有償資金を原資とすることから、景気対策として用いることには問題が多い。

　財政投融資の対象事業は、国民生活に必要なうえ、有償資金が原資のため、一定の収益をあげられる事業に限定される。ただし、民間の事業に政府が投資や融資をすれば、それは民業圧迫になり不適当である。そのため、財政投融資では、民間で実施困難な事業や民間事業の補完が役割となる。特に、巨額の資金を必要とする大規模事業や、長期にわたり投下資金が回収できない事業などが主な対象となる。財政投融資の対象事業は、純粋公共財と私的財の中間的な位置づけとなり、準公共財の一種として扱われる。

2　財投改革と財投原資

　財政投融資の歴史は古く、その起源は明治時代初期まで遡る。当初は国債中心の運用だったが、明治時代中期から大正時代にかけて産業資金融資や国

策会社への投資などに運用対象が広がった。日中戦争から第2次世界大戦の時期は、戦費調達のための国債引受け、軍需産業への資金供給、海外における権益確保のための投資なども多くなり、戦争遂行のためのシステムと化した。

戦後占領下における地方債引受けのみの時期を経て、戦後復興期や高度経済成長期に、財政投融資は税負担を伴わない貴重な政策手段としてインフラ整備等に貢献した。バブル崩壊後、財投機関の累積債務、財投機関への補助金の急増、短期運用による国債の巨額引受けなど、様々な問題が露呈した。そこで2001年度、財政投融資改革（財投改革）が実施された。

改革の最大のポイントは、財政投融資の原資にある。改革前、郵便貯金と年金積立金が資金運用部に義務として預託され、簡保資金などとともに原資となっており、受動的に集まる資金量が財政投融資の規模を決めていた。社会資本整備などが進む一方、資金は膨張を続けたため、収益性の低い事業の肥大化を招いた。財投改革では、預託義務や簡保資金の財投協力を廃止した。

各財投機関は、まず自らの信用による財投機関債の発行が求められるようになった。市場の評価による事業選定の厳格化や運営効率化を期待してのことだが、実際には財源の一部を占めるに過ぎない。財投機関債の発行が困難な場合、厳格な審査を経たうえ、政府保証債を限定的に発行することを認める。そして最終手段として、国の信用で一括して発行する財投債によって調達した資金を融資する。しかし現実には、財投債が中核を担う原資となっている。

改革の結果、財政投融資の規模は大幅に縮少し内容も改善されたが、課題も残る。最大の問題は、残高の中にいわゆる不良債権が含まれるおそれである。特に、政府系金融機関である公庫等にそのおそれが強い。財政投融資の残高の一部が国に返済できない場合、一般会計による補填が必要になる。

3 財投計画と使途

財政投融資は、5年以上の長期運用分が「財政投融資計画」（財投計画）として国の予算と合わせて作成される。財投計画は、別名「第2の予算」と呼

ばれる。財投計画は、財政投融資原資見込、財政投融資使途別分類表とともに、財政投融資三表としてまとめられる。財投計画では、財政投融資の各対象機関（財投機関）が資金の種類ごとにどれだけ投融資されるか示される。

　財投計画は、予算とともに国会に提出される。しかし、あくまで予算審議の参考資料であり、財投計画そのものは議決対象外である。その理由は、税や公債のように現在や将来の国民負担となるわけではないことにある。投融資された財投機関が社会資本を整備したり、学生に奨学金として貸しつけられたりして、国民生活が向上する。そして、社会資本の利用料や奨学金の元利回収金（無利子の奨学金は建設国債を財源として一般会計で支出される）などにより、財投機関が国に金利をつけて資金返済する。国は、調達した原資の元利を償還する。こうした一連の流れが順調に進めば、税などの国民負担は必要ない。そのため、国会での議決を必要としないという理屈である。

　ただし、財投計画の一部は予算に組み込まれている。原資の一つである財政融資資金は、長期運用予定が特別会計予算総則に記され、資金の調達手段である財投債の発行などが財政投融資特別会計財政融資資金勘定、産業投資の出資や融資が同特別会計投資勘定に計上される。そのため一部ではあるが、国会の議決対象になる。また、運用実績も会計検査院による検査を受ける。

　財政投融資がどのような政策に用いられるかは、使途別分類表に示される。そこでは、中小零細企業、農林水産業、教育、福祉・医療、環境、産業・イノベーション、住宅、社会資本、海外投融資等、その他に10分類されている。

　2010年代において規模が大きい使途は、社会資本と中小零細企業である。社会資本は、水資源機構のダム建設、地方公共団体における上下水道、交通、病院等、さらには災害復旧や全国防災事業などである。中小零細企業は、日本政策金融公庫による資金繰り支援や創業支援など融資が中心である。また、有利子奨学金の対象者拡大などにより教育も堅調に推移している。

　一方、構成比を大きく下げたのは、1990年代まで圧倒的規模を誇っていた住宅である。民間金融機関における住宅ローン普及などにより、急激に減少した。

コラム：厳格なルールの一方で借金大国

　制度上、日本の公債に関するルールは、主要先進国中でドイツと並び最も厳しいものの一つである。本文でも紹介した建設公債の原則に加え、公債発行限度額を国会で設定すること、中央銀行による国債の引受けの原則禁止など、幾重にも発行を抑制する仕組みが設けられている。また、新規発行された国債を60年かけて償還するため、一般会計において一定の原則に基づいて債務償還費を計上しなければならない減債制度（60年償還ルールと呼ばれる）まで有する国は珍しい。

　一方、日本の財政赤字は、毎年度の財政収支・国債発行残高いずれを見てもOECD諸国中最悪の状況にある。それでもかつての日本の財政は、公的年金の新規積立分や積立金残高などを加味すればそれほど悪い状況にはないという見方もできたが、現在では年金積立金の取り崩しを始めており、そうした観点でも財政状況は非常に悪いといわざるを得ない。

　ルールが厳しいのに財政状況が悪いという矛盾した状況を生み出している原因は、制度の運用にある。財政法ではまず国債不発行を謳っており、1965年度当初予算まではその通り運用されていた。しかし、オリンピック景気の反動不況に対応するため、ひとたび補正予算で国債を発行したら、現在に至るまで毎年度発行が続いている。また、特例法を用いた赤字国債発行も恒常的である。しかも、バブル崩壊、アジア通貨危機、リーマンショックなど日本経済が苦境に陥るたびに、赤字国債の発行規模が段階的に膨らんでいった。政府による2018年度末見込みによると、赤字国債の発行残高は、建設国債発行残高の２倍強にのぼり、建設公債の原則が形骸化してしまっていることがわかる。

○引用・参考文献

浅羽隆史『新版　入門財政学』同友館、2016年。

大蔵省財政史室編『昭和財政史　終戦から講和まで　各巻』東洋経済新報社、1975年ほか。

片桐正俊編著『財政学（第３版）』東洋経済新報社、2014年。

小西砂千夫『社会保障の財政学』日本経済評論社、2016年。

小村武『五訂版　予算と財政法』新日本法規出版、2016年。

神野直彦『財政学（改訂版）』有斐閣、2007年。

Peacock, A., Jack, W., *The Growth of Public Expenditure in the United Kingdom,*

Princeton U.P., 1961.

Smith, A., *An inquiry into the nature and causes of the wealth of nations*, 1776.（竹内謙二訳『国富論　上・中・下』千倉書房、1981年。）

Timm, H., "Das Gesetz der wachsenden Staatsausgaben", *Finanzarchiv*, Vol.21, pp.201-247, 1961.

Wagner, A., *Finanzwissenschaft*（Dritte Auflage, Erster Theil), C.F.Winter' sche Verlagshandlung, 1883.（滝本美夫訳『財政学』同文舘、1904年。）

第 8 章

国民所得の決定

第1節　国民所得とは何か

　国民所得は国民全体が得る所得の合計であるが、それは財貨やサービスの生産によって生み出されたものであることが条件となる。ということは、生産に参加せずに他人から受け取った贈与は所得の「移転」に当たるため、相続や年金による収入とともに国民所得には算入されない。

　また、生産活動に伴う収入の源泉であるからといって、様々な産業で生産された生産額を単純に合計すれば国民所得額が得られるというものではない。それは、たとえば「生産動態調査」や「工業統計表」から得られる自動車工業の生産額には、自動車の生産に必要な鋼板、プラスティック、ゴム、ガラスといった原料も含まれているからである。これらは実は他の産業によって生産されたものであって、こういった原材料・エネルギーやその他の中間製品は、自動車工業のネット（純）の生産物ではない。自動車工業が本当に付加した価値は、グロス（粗）の生産額からこのような中間製品を取り除いた残余である。この残余のことを普通は「付加価値」と名づける。自動車工業が生み出したこの付加価値は、自動車工業で追加した賃金・俸給、利潤、利子配当、レント等によって構成される。つまり自動車工業の総生産額から他産業によって供給された中間製品を差し引いた残りの価値が付加価値になる。

　この付加価値はしばしば「粗付加価値」と「純付加価値」とに分けて使われる。純付加価値というのは、すでに述べたようにその産業で追加した賃金・俸給、利潤、利子・配当、レント等の合計で、粗付加価値はそれに減価償却費を加えたものである。そして、いうまでもなく、国民所得の一部とし

ての個々の産業や企業の付加価値は純付加価値でなければならない。

　国民所得が国民所得であるためにはそれが生産活動によって生み出された所得であることが必要条件であり、単なる財の「移転」は含まれないということを述べたが、具体的に財の移転に含まれるものには、相続や「年金」の支払い、「公的扶助」といったものがある。また、たとえば保有する土地や在庫品、あるいは株式の値上がりから生ずる利益等のキャピタル・ゲインや、値下がりから生ずる損失のような、キャピタル・ロスも国民所得には含まれない。

　在庫品について詳説すると、保有している在庫品が値上がりする場合には、それだけで在庫金額の上昇が発生する。ただ、この場合、単なる在庫品評価の値上がりのために棚卸資産額が増えるということはいえても、それは国民所得における在庫投資（在庫品増加）の増大とは別のことである。在庫品の単なる値上がりは、在庫品の金額の増大には相違ないのだが、それが国民所得の一部に含まれるには、在庫品の「実質的な増加」を伴わなければならない。在庫品の実質的な増加をその期の平均価格で金額評価したものだけが実は在庫投資であり、国民所得の一部を形成する。そういう意味で、国民所得を考える場合、それが財貨・サービスの生産によって裏づけられたものであることが絶対に必要になる。

　以上のように定義される国民所得の概念に基づき、日本では内閣府の作成する国民所得勘定（国民所得統計）において国民所得が把握されている。代表的な計数は国内総生産（GDP）と国内総支出（GDE）である。GDPにはその時の市場価格で評価した名目GDPや、名目GDPから物価の変動による影響を差し引いた実質GDP、財・サービスの価格変動のみを数値に反映させるGDPデフレーターがある。国内総生産は分配国民所得の概念に、国内総支出は支出国民所得の概念にそれぞれ対応している。国内総生産を基礎として、様々な目的に応じた様々な基準による計数が算出される。

　第1は国内概念と国民概念という基準による表示の方法で、国内総生産に海外からの要素所得（純）の計数を加えると、国民総生産（GNP）となる。海外からの要素所得（純）とは、日本居住者が得た所得から外国居住者が得た

所得を控除した計数である。第2は総概念と純概念という基準による表示の方法で、国民総生産から固定資本の減耗分を控除すると、国民純生産（NNP）となる。固定資本の減耗とは、生産活動により減耗あるいは減失した機械設備の評価額である。

　第3は市場価格表示か要素費用表示かという基準による分類である。生産物の市場での取引価格は企業が生産した価格より間接税を賦課された分だけ高くなり、政府から支給された補助金の分だけ安くなる。そこで、市場で取引された価値で計られた計数を市場価格表示、そこから間接税分を控除し補助金分を加えた、企業が生産した価値で計られた計数を要素費用表示という。

　国内総生産は最終需要の合計である国内総支出と定義的に等しく、したがって市場価格表示であるから、国民純生産も市場価格表示である。国民純生産を要素費用表示にした計数を、国民所得勘定上で定義される統計用語としての（要素費用表示の）国民所得という。要素費用表示の国民所得は、国の内外を問わず日本人の生産した価値を計上し、生産により減耗した機械設備の価値を控除し、さらに生産要素提供者に対する報酬だけが計上されているという意味で、最初に述べた国民所得の定義に最も忠実な国民所得勘定上の計数である。

　計数には名目値と実質値がある。ある年度の計数はその年度における物価で計られており、これを名目値という。したがって、たとえば前年度の計数と比較するに際しては、物価変化分が計数に反映されていることに注意しなければならない。極端なケースをいえば、たとえ両年の商品の生産量がまったく同じであったとしても、インフレーションが進行し価格が2倍になっていれば、その年度の計数は前年度の2倍になる。そこで、物価指数を使って物価上昇による計数の膨らみの影響を除去し、真の一国の経済活動規模をとらえた数値を実質値という。

　現行の国民所得統計を見ると、図8-1に示すように、国民総支出（GNE）という概念が使われている。これは財貨・サービスへの政府支出、民間投資、個人消費支出を合算し、それに財貨・サービスの輸出から財貨・サービスの輸入を引いた差額を加えて得られる。

142

生産額合計	総需要	国民総支出 (GNE)	国民総生産 (GNP)	国民純生産 (NNP)	国民所得 (NI)	個人所得	個人可処分所得
GNP	G	財・サービスへの政府支出	NNP	NI	社会保険料	振替所得	個人消費支出
	I	民間投資			個人要素所得（税込）	個人要素所得（税込）	個人貯蓄
							個人税
	C	個人消費支出			税込法人留保		
	X	$X\text{-}M$		間接税−補助金	官公事業剰余		
中間製品			固定資本減耗				

GNE = Gross National Expenditures
GNP = Gross National Product
NNP = Net National Product
NI = National Income
X = 物財・サービスの輸出：M = その輸入

図8-1　国民所得の諸概念

　これに対して、財政支出（G）、民間投資（I）、個人消費支出（C）、財貨・サービスの輸出（X）を加えたものを一般に「総需要」（Aggregate Demand）と名づける。したがって、総需要から輸入を差し引くとGNE、つまり国民総支出が得られるが、実はこの国民総支出と「国民総生産」つまりGNPとは等しい金額になる。そして、国民総支出あるいは国民総生産の数字から「資本減耗引当」（主として減価償却費）を差し引くと、「国民純生産」（NNP）に等しい金額が得られる。イギリスでは国民純生産のことを、「市場価格で表された国民所得」と名づけてきた。

　NNPが市場価格表示の国民所得であるという意味は、賃金・俸給や利潤や利子、あるいはレントを合算して得られる国民所得と比較して「間接税」の分だけ金額が大きくなるからである。つまり、間接税の存在はそれだけ市場価格を高めるからである。そしてもし「補助金」も与えていれば、補助金の分だけ市場価格が低められる関係にある。したがって、NNPつまり国民純生産と国民所得間のギャップは、「間接税−補助金」という金額に相当する。

　これに対して国民所得（NI）という概念は、すでに述べたように人々の賃

金・俸給、利潤、利子・配当、レントといった生産諸要素（労働、資本、土地など）に帰属する所得を合計したものであるから、いわば「要素所得」の合計額である。そういう意味では、国民所得は「要素費用表示」であり、賃金や配当といった生産要素価格で表示されたものであるといえる。これに間接税を加え、補助金を差し引くと、「市場価格表示の国民純生産」、つまりNNPになる。

　ところで、この国民所得は賃金・俸給などの「雇用者所得」、法人留保などの「企業所得」を含む。そして、このうちの個人要素所得が、いわゆる「個人所得」の主要部分を構成する。これに企業や政府からの社会保障等に伴って支払われる年金や公的扶助など、つまり「振替所得」を加えたものを「個人所得」と名づける。つまり個人所得は、個人の税込みの要素所得プラス振替所得である。この個人所得はさらに個人消費支出、個人貯蓄、個人税に分割されるが、個人所得から個人税を差し引いたものを一般に「個人可処分所得」という。

第2節　三面等価と有効需要の理論

　一国における経済活動の規模は、生産、支出、分配の3つの面から把握できるが、これらは等しくなるというものが、三面等価の原則である。三面等価の原則とは、GDPを生産・支出・分配の3つの観点から見たとき、すなわち、生産面のGDP、支出面のGDP、分配面のGDPを考えるとき、それらは常に同じ金額になるという国民経済計算上の原則である。経済の循環は、財・サービスの生産、生産された財・サービスの価値（収入）の分配、分配された価値（収入）の消費という一連の流れで成立しているため、生産・分配・支出が同一になるのは必然であるといえる。国内で生産された財やサービスは必ず何かの用途に利用され生産と同額の支出が行われる。生産で生まれた付加価値は、すべて誰かに帰属しているので、賃金や企業所得などに分配される。このため国内総生産は、企業などの生産活動の側から見ても、家計の消費支出や企業の設備投資などの支出側から見ても同額になる。した

144

表8-1　国内総生産勘定（生産側および支出側）

（単位：10億円）

項　　　目	2015（平成27）年度
1.1　雇用者報酬（2.4）	263,309.00
1.2　営業余剰・混合所得（2.6）	105,233.40
1.3　固定資本減耗（3.2）	120,064.70
1.4　生産・輸入品に課される税（2.8）	45,575.70
1.5　（控除）補助金（2.9）	3,408.00
1.6　統計上の不突合（3.7）	1,416.60
国内総生産（生産側）	532,191.40
1.7　民間最終消費支出（2.1）	299,862.10
1.8　政府最終消費支出（2.2）	106,026.30
（再掲）	
家計現実最終消費	364,244.50
政府現実最終消費	41,643.90
1.9　総固定資本形成（3.1）	123,861.40
1.10　在庫品増加（3.3）	2,427.70
1.11　財貨・サービスの輸出（5.1）	91,658.70
1.12　（控除）財貨・サービスの輸入（5.6）	91,644.80
国内総生産	532,191.40
（参考）海外からの所得	29,838.20
（控除）海外に対する所得	9,920.30
国民総所得	552,109.30

（出所）内閣府経済社会総合研究所国民経済計算部「国民経済計算年報」

がって国内総生産と国内総支出は等しくなる。実際の統計では誤差があるた
め、生産側からの推計値と支出側からの推計値を一致させるために、統計上
の不突合という調整項目を計上して、表8-1のように、2つの側面から推
計したGDPが一致するようにしてある。国内総所得（Gross Domestic Income）
は常にGDPに等しくなる。

　また、表8-2では、国民可処分所得とその使用勘定が一致していること
が見て取れる。

　日本の国民経済計算では、2004（平成16）年度確報から、国内総支出とい
う表記を止め、「国内総生産（支出側）」と呼ぶようになった。雇用者報酬や
営業余剰・混合所得など分配面からの国内総生産は「国内総生産（生産側）」
と表記されている。この三面等価の原則から、生産GDP（供給）＝支出GDP

第8章 国民所得の決定 **145**

表8-2 国民可処分所得と使用勘定

(単位：10億円)

項　　目	2015 (平成27) 年度
2.1　民間最終消費支出 (1.7)	299,862.10
2.2　政府最終消費支出 (1.8)	106,026.30
(再掲)	
家計現実最終消費	364,244.50
政府現実最終消費	41,643.90
2.3　貯蓄 (3.5)	23,032.20
国民可処分所得/国民調整可処分所得の使用	428,920.60
2.4　雇用者報酬 (1.1)	263,309.00
2.5　海外からの雇用者報酬 (純) (5.2-5.7)	111.40
2.6　営業余剰・混合所得 (1.2)	105,233.40
2.7　海外からの財産所得 (純) (5.3-5.8)	19,806.50
2.8　生産・輸入品に課される税 (1.4)	45,575.70
2.9　(控除) 補助金 (1.5)	3,408.00
2.10　海外からのその他の経常移転 (純) (5.4-5.9)	− 1,707.50
国民可処分所得/国民調整可処分所得	428,920.60
(参考) 国民所得 (要素費用表示)	388,460.40
国民所得 (市場価格表示)	430,628.10

(出所) 内閣府経済社会総合研究所国民経済計算部「国民経済計算年報」

(需要) となるはずであるが、この関係は在庫等 (企業の意図せざる需給の不一致) を含めて初めて成立するもので、企業が意図した生産 (供給) がその時点でそのまま実現する (＝需要と一致して過不足なく売れる) とは限らない。

　需給の不一致は市場を不安定にさせるため、是正されなければならない。「有効需要の理論」とは、企業が総需要に見合うように、総供給 (生産) を調整することにより、市場の均衡が回復されるという考え方である。ここでいう有効需要とは、所得によって裏づけられた需要という意味である。

第3節　最も単純な国民所得決定モデル

　45度線分析とは、「需要サイドの要因が国民所得の水準を決定する」というケインズ学派の有効需要の原理を図8-2のようにグラフで説明する最も

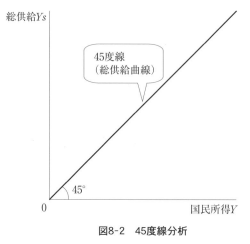

図8-2　45度線分析

単純なモデルであり、財市場のみの均衡をグラフから説明するものである。図8-2は縦軸に総供給・総需要、横軸に国民所得を取ったグラフであり、縦軸も横軸も数量としているため、グラフには価格（物価）は出ていない。

経済主体のうち、経済活動を行うのは家計と企業のみである。

財市場（財やサービスが取引される市場）が均衡するためには、

　　　総供給＝総需要＝消費支出＋投資支出　　　　　　（1）

とならなければならない。であるから、総供給とはすなわち、企業の総生産が総需要と等しくならなければならないということになる。そして、総需要の中身は消費支出（消費財への需要）と投資支出（投資財への需要）に分けることができる。

消費支出は家計が行うが、どのように決定されるのかということについて述べると、ここでは最もシンプルな枠組みとして、家計は、所得のうち生存に必要最低限の金額を消費し（基礎消費）、その後所得の大きさに応じて消費を行う、そして余りを貯蓄すると考える。所得の増分に占める消費の増分のことを限界消費性向という。

　　　消費支出＝基礎消費＋限界消費性向×所得　　　　　（2）

一方、投資支出は企業が行う。ここでは、金融（貨幣）に関わる利子率は一定と考え、短期的な枠組みを考えるとすると、投資支出はある一定額行われることになる。

投資支出＝ある一定の投資支出　　　　　　　　　　　　（3）

記号を用いてこれらの式を表すとすると、

$Y = C + I$　　　　　　　　　　　　　　　　　　　　　　　（1）

$C = C_0 + cY$　（C_0は基礎消費額、cは限界消費性向）　　　（2）

$I = I_0$　　　　（I_0はある一定の投資額）　　　　　　　（3）

Y：国民所得　（生産された供給量であり、同時に分配された所得）、

C：消費、I：投資、S：貯蓄

　限界消費性向$c = \Delta C / \Delta Y$、ただし、$0 < c < 1$（所得が増加したとき、消費は必ず増加するが、所得増加を超えることはないことが仮定されている）。

　これらの式を解くと──（2）（3）式を（1）へ代入──均衡国民所得（Y^*）が得られる。

$$Y^* = \frac{1}{1-c}(C_0 + I_0) \quad \leftarrow \quad Y = C_0 + cY + I_0$$

経済の総需要と総供給とが等しくなるような国民所得を均衡国民所得といい、その水準では貯蓄投資バランスが成立している。

　家計が自ら所得をどう使うかに注目すると、$Y = C + S$となる。

　結果として、市場が均衡する（$Y = C + I$）とき、$I = S$という条件も成立する。

　投資が変化した場合に、国民所得がどのように、どれだけの大きさ変動するかを考えると、投資の増加分をΔIとした場合、

$Y = C + I$　　　　　　　　　　　　　　　　　　　　　　　（1）

$C = C_0 + cY$　　　　　　　　　　　　　　　　　　　　　（2）

$I = I_0$　$\Rightarrow$　（3′）　$I = I_0 + \Delta I$　　　　　　　　（3）

① 投資が増加すると、投資財産業で超過需要が生じ、投資財産業の供給量が増加する。その結果、国民所得が増加する。

② 国民所得の増加は、消費をその限界消費性向分だけ増加させる。

③ 消費の増加は消費財産業の生産を拡大させ、所得分配を通じて国民所得を増大させる。

④ ②と③のプロセスが繰り返され国民所得はますます増大していく。ただし、限界消費性向は1以下であるため、その波及効果は次第に小さくなっていく。

結果として、ΔI だけの投資が増大した場合、国民所得の増分は

$\Delta Y = \Delta Y_1 + \Delta Y_2 + \Delta Y_3 + \cdots = c\Delta I + c^2\Delta I + c^3\Delta I + \cdots = \dfrac{1}{1-c}\Delta I$ となる。

$0 < c < 1$ より $1/(1-c) > 0$ となるので、国民所得の増分は、それを引き起こした投資の増分より大きいことがわかる。

この値 $1/(1-c)$ のことを投資乗数という。

第4節　政府活動を考慮した場合の国民所得決定モデル

これまでの家計と企業の活動に加えて、政府の経済活動も考慮に加えるとき、総需要には、消費支出・投資支出に加え、政府支出が加わる。

家計が自由に使えるのは、所得ではなく、そこから租税分を差し引いた可処分所得となる。ここでは短期の場合を考え、投資・政府支出・租税額はある一定の金額であると仮定する。これらの想定の下で、政府活動をも考慮した国民所得決定モデルは以下のようになる。

（1）　均衡条件式　　　　$Y = C + I + G$　　　　G：政府支出

（2）　消費決定式　　　　$C = C_0 + c(Y - T_0)$　　T：租税

（3）　投資決定式　　　　$I = I_0$

（4）　政府支出決定式　　$G = G_0$

（5）　租税決定式　　　　$T = T_0$

均衡国民所得（Y^*）は、（2）〜（5）の式を（1）式に代入して解く。

$$Y^* = \frac{1}{1-c}(C_0 - cT_0 + I_0 + T_0) \quad \leftarrow \quad Y = C_0 + c\,(Y - T_0)\,+ I_0 + G_0$$

政府部門をも考慮したモデルでは、貯蓄は $S = Y - T - C = -C_0 + (1-c)$

$(Y-T)$ となる。この結果、貯蓄と投資を用いた均衡条件式は $S+T=I+G$ と表される。

1　政府支出乗数と租税乗数、均衡予算乗数

　政府支出水準が G_0 から G_1 に ΔG だけ増加したとすると、①ΔG だけ国民所得が増加した結果（一定と考えられている投資支出・租税に変化はないが）消費支出が $c\Delta G$ だけ増加する、②消費支出が増加した結果、所得分配が増大し、さらに限界消費性向分だけ消費が増える、③この波及効果は、限界消費性向が 1 以下の値であるため、次第に小さくなっていく。結果として政府支出が ΔG だけ増加したときの均衡国民所得の増分（ΔY）は $1/(1-c)\Delta G$ となり、$\dfrac{\Delta Y}{\Delta G}=\dfrac{1}{1-c}$ を政府支出乗数と呼ぶ。政府支出乗数は投資乗数と同じ大きさになる。すなわち、同額の投資増加と政府支出増加は、国民所得に同じだけの効果をもたらす（国民所得を増大させる）。

　ΔT 分の減税が行われると、その分可処分所得が増加し、①$c\Delta T$ 分消費支出が増加する、②消費支出が増加した結果、所得分配が増大し、さらに限界消費性向をかけた分だけ消費が増える、③この波及効果は、限界消費性向が 11 以下の値であるため、次第に小さくなる。減税が行われると国民所得は増加する。増税はその逆の現象が起こるため、変化の方向の符号が通常と逆になることに注意が必要である。ΔT 分の減税が行われたときの均衡国民所得の増分（ΔY）は $c/(1-c)\Delta T$ となり、$\Delta Y/\Delta T=c/(1-c)$ を租税乗数と呼ぶ。限界消費性向 c は 1 以下であるから、租税乗数は投資乗数や政府支出乗数より小さい（国民所得への影響度が小さい）ことがわかる。

　また、政府支出の増加をすべて増税によって賄うとき、国民所得がどのように変化するのかを考える。すると、$\Delta G=\Delta T$ となるため、
$$\Delta Y=\frac{1}{1-c}\Delta G-\frac{c}{1-c}\Delta T=\frac{1-c}{1-c}\Delta G=\Delta G \text{ となる。}$$
　均衡予算乗数（balanced budget multiplier）は 1 となり、たとえ政府支出を増加してもその財源がすべて税金によるときには、国民所得への効果は政府支出増加（＝増税）分ということになる。

2　インフレギャップとデフレギャップ、有効需要管理政策

　完全雇用（失業が存在しないこと）は重要な経済政策の目標である。完全雇用の状態を維持することができるだけの国民所得の水準を、完全雇用国民所得Y_Fとする。もしも、現在の国民所得水準Y_0がY_Fを下回っているならば、失業が存在している。このとき、政府が政府支出を適切な額のΔGだけ増やすことができるならば、完全雇用国民所得を達成できるならば、失業が解消し、完全雇用が達成される。この適切な政府支出の増分の大きさをデフレギャップという。

　逆に、現在の国民所得水準Y_1が完全雇用国民所得水準を上回り、インフレ圧力が存在する場合には、政府が政府支出を適切な額だけ減らせばそれを解消することができる。この適切な政府支出の減少分をインフレギャップ（図8-3参照）という。

　これらの完全雇用を達成するために政府支出・租税を調整する政策を「有効需要管理政策」と呼ぶ。

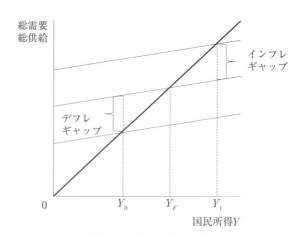

図8-3　インフレギャップ

第8章 国民所得の決定 **151**

第5節 外国貿易を導入した場合の国民所得決定モデル

基本のモデルに加えて外国貿易を考慮した場合、総需要には、消費支出・投資支出に、輸出が加わり、輸入が差し引かれる。消費・投資のメカニズムは基本モデルと同じと考える。輸出や輸入はその国の様々な要因――その国の豊かさ、物価水準、世界経済の状況、物価状況、外国為替の水準など――に依存する。ここでは、単純化のため、輸出はある一定額、輸入はその国の国民所得水準のみに依存して決まるとする。これらの想定の下で、外国貿易をも考慮した国民所得決定モデルは次のようになる。

（1） 均衡条件式　$Y = C + I + X - M$　　X：輸出　M：輸入
（2） 消費決定式　$C = C_0 + cY$
（3） 投資決定式　$I = I_0$
（4） 輸出決定式　$X = X_0$
（5） 輸入決定式　$M = mY$　　　　　　m：限界輸入性向

ここで限界輸入性向は所得の追加的な増加に対して輸入の追加的な増加がどの程度あるかを示す値で、$0 < m < 1$ と考えられる。均衡国民所得（Y^*）は、（2）～（5）の式を（1）式に代入して解く。

$$Y^* = \frac{1}{1 - c + m}(C_0 + I_0 + X_0) \quad \leftarrow \quad Y = C_0 + c(Y - T_0) + I_0 + G_0$$

外国貿易をも考慮したモデルでは、貯蓄が $S = Y$ となることに注意すると、均衡条件式は $S + M = I + X$ と表すこともできる。

輸出が増加したとき、国民所得や貿易収支がどのように変化するのかを考える。輸出の水準が ΔX だけ増加したとすると、①ΔX だけ国民所得が増加した結果、消費支出が $(c - m)\Delta X$ だけ増加する、②消費支出が増加し所得が $c\Delta X$ 増大する一方、輸入が $m\Delta X$ だけ増加し、その分需要が外国に流出し、所得が減少する。結果として、限界消費性向と限界輸入性向の差（c

$-m$）ΔXだけ所得が増える、③この波及効果は、次第に小さくなっていく。この結果、輸出の水準がΔXだけ増加したときの均衡国民所得の増分（ΔY）は

$$\Delta Y = \Delta Y_1 + \Delta Y_2 + \Delta Y_3 + \cdots$$

$$= \Delta X + (c-m)\Delta X + (c-m)^2 \Delta X + \cdots = \frac{1}{1-c+m}\Delta X$$

となる。輸出の国民所得への影響度、$\Delta Y / \Delta X = 1/(1-c+m)$を貿易乗数（Foreign Trade Multiplier）と呼ぶ。限界輸入性向が正の値を取るため、貿易乗数は政府支出乗数や投資乗数よりも小さな値を取る。

コラム：太宰治「斜陽」の時代と現在の相続税

　太宰治の「斜陽」に描かれた華族を苦しめたのが1946（昭和21）年に制定された財産税法であった。この法律により、財産の90％を税金として納めなくてはならなくなった華族たちの多くは土地を物納し、転居を余儀なくされた。最も納税額が多かったのは天皇家であり、残った財産は国有となった。敗戦という時代背景の中でそれまであった日本の貴族はここに終わりを告げる。その後日本は高度経済成長を経て、成熟した資本主義国となっていったのだが、同時に資本主義の特徴である格差の拡大も目につくようになってきた。それはまさに戦前の貴族を彷彿とさせる「セレブ」という新しい階級を生み出した。また、成熟した資本主義国のもつもう一つの特徴としての財政赤字は日本も例外ではなく、いかに財政を健全化していくかが近年の課題となっている。その対策の一つとして2015年に改正が行われたのが相続税の基礎控除額である。改正前の基礎控除額の計算は5000万円＋1000万円×法定相続人の数であったが、改正後は3000万円＋600万円×法定相続人の数となった。一般的な夫婦と子供2人の家庭で考えると、実に3200万円もの控除額の減額となった。団塊の世代が亡くなっていくことを見込んだ政策であるといえよう。

第 8 章 国民所得の決定 **153**

○引用・参考文献

伊東光晴『ケインズ』岩波新書、1962年。

宇沢弘文『ケインズ「一般理論」を読む』岩波書店、1984年。

ケインズ, J. M. 著、塩野谷祐一訳『ケインズ全集7 雇用・利子および貨幣の一般理論』東洋経済新報社、1983年。

サムエルソン, P. A.・ノードハウス, W. D. 著、都留重人訳『経済学 上・下』岩波書店、1992年。

篠原三代平・佐藤隆三責任編集『サミュエルソン経済学体系1 国民所得分析』勁草書房、1979年。

シュルツ, C. L. 著、塩野谷祐一訳『国民所得分析』東洋経済新報社、1965年。

丹野忠晋『経済数学入門 初歩から一歩ずつ』日本評論社、2017年。

中谷巌『入門マクロ経済学』日本評論社、2007年。

マンキュー, N. G. 著、足立英之ほか訳『マンキューマクロ経済学』東洋経済新報社、2011年。

ロジャーズ, C. 著、貨幣的経済理論研究会訳『貨幣・利子および資本─貨幣的経済理論入門─』日本経済評論社、2004年。

第 9 章

経済政策

第1節　*IS*曲線の導出

1　企業の投資が重要

　45度線分析で勉強したように、総需要には企業の投資支出が入っている。企業は財・サービスを生産するとともに、それらを生産するために財を購入する。たとえば、運送業であればトラックが、製造業であれば工作機械が必要になる。

　企業が生産設備へ投資を行えば生産が増えて売上が増える。たとえば、アパレルショップが新たに店舗を開けば、よりたくさん洋服が売れるので儲けが増える。

　ここで、出店戦略を考えてみよう。もし日本のどこかに美味しいスイーツのお店を開店させるなら、日本で「1番儲かる場所」に出店するのがよいだろう（多くのブランドショップが繁華街に出店するのはそのためである）。さて、無事に1号店が成功したので、2号店を出店することになった。そのときには、「2番目に儲かる場所」に出店するのが合理的で（「1番儲かる場所」はすでに出店済みなので）、3号店は「3番目に儲かる場所」に出店することになる。

　このことは、新しい店舗は、それ以前に開店させたお店の儲けを超えられないことを意味している。出店を続ければ、全店を合計した儲けは増えるが、"追加で開店させたお店"から得られる、"追加の儲け"はだんだん減少していくことになる。この法則を「投資の限界効率逓減の法則」と呼ぶ。「限界」とは「追加」の意味で、「逓減」とは「だんだん減っていく」ということを

表す。"追加投資"が生み出す"追加利潤"は、だんだん減少していくことになる。

2 投資の際には利子率が重要

企業の投資には資金が必要で、たとえば、工場を新設し、生産機械を整え、人を雇えば、かなりの金額が必要であろう。通常、企業はこれを賄う資金はもっていない。

資金が足りないとき、企業は銀行から融資を受ける。このときに問題になるのが利子で、融資を返済する際は、元々借り受けたお金である元本に利子を上乗せしなければならない。もし、企業が100万円の融資を受け、1年後に105万円にして返済するならば、元本は100万円、利子は5万円である。このとき、利子率は5万円を100万円で割った0.05、つまり5％である。利子率は元本に対する利子の割合であることがわかる。もし利子率が8％になれば総返済額は108万円（元本100万円＋利子8万円）、10％になれば110万円（元本100万円＋利子10万円）である。

投資をするならば、総返済額が少ない方がよく、利子率が低いほど投資を実行しやすくなるのである。

3 最適な投資水準

これで投資の2条件、「投資の限界効率逓減の法則」と「利子率が低いほど投資がしやすい」が揃った。それでは、企業は投資の水準をどのように決定するのであろうか。その答えは「利子率と利潤率が等しくなるまで」である。

利潤率とは投資費用に対して、何パーセントの儲けが出たかを計るもので、たとえば、スイーツのお店の開店に1000万円の費用がかかるとき、100万円の利潤が出れば利潤率は10％となる。

「投資の限界効率逓減の法則」によれば、お店を新たに開くたびに得られる追加利潤は、それ以前に開店した店舗の追加利潤よりも少なくなる。すると2店舗目の利潤は100万円より少なくなるはずで、利潤率も10％より低く

なる。仮に2店舗目の利潤が80万円ならば、利潤率は8％となる。もちろん、追加で店舗を開店すれば、利潤率はさらに減少していく。

ここで利子率が3％だとしよう。次に、利潤率を1店舗目は10％、2店舗目は8％、3店舗目は5％、4店舗目は3％、5店舗目は2％と仮定する（投資の限界効率逓減の法則が働いていることを確認すること）。このとき、最適な出店数は4店舗になる。なぜなら5店舗目の利潤率は2％で、利子率の3％を下回ってしまうためである。金額で見れば、5店舗目は1000万円の投資に対して20万円の利潤があるが、銀行には30万円の利子を支払わなければならず、損失を出してしまう。4店舗目は利潤が30万円あり、支払う利子と等しいため、投資をするかしないかの分かれ目になる。このため、赤字の出ない最適な投資は4店舗目までとなる。

利子率の決定については、「LM曲線の導出」で後述するが、ここで利子率が1％まで下落したとしよう。すると、5店舗目を出店しても採算が取れるようになり、追加の投資を実行するはずである。

このことは、利子率の下落は投資を増大させることを意味する。利子率の下落によって、それまで採算が取れなかった投資も、プラスの利潤が出るようになるためである。したがって、もし利子率が上昇すれば、投資は減少することになる。

4　IS曲線の導出

ここまででIS曲線を導出するのに必要な条件は揃った。いよいよIS曲線を描いてみよう。第8章第4節で勉強した財市場の均衡条件は以下の式のとおり、

$$Y=C+I+G$$

であった。

Yは国民所得、Cは家計消費、Iは企業の投資支出、Gは政府支出である。第8章第3節では、投資が増加すると、その投資乗数倍の国民所得の増加が生じることを説明した。

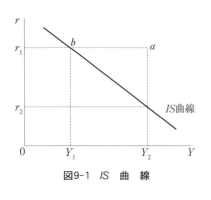

図9-1 IS 曲線

さて企業の投資支出は利子率が下がれば増大し、利子率が上がれば減少した。ここで利子率をrで表記すると、

$$r\uparrow \Rightarrow I\downarrow \Rightarrow Y\downarrow$$
$$r\downarrow \Rightarrow I\uparrow \Rightarrow Y\uparrow$$

となる。さらに中央のIを省略すれば、rの上昇はYの下落につながり、rの下落はYの増大につながることがわかる。すなわち、

$$r\uparrow \Rightarrow Y\downarrow \quad r\downarrow \Rightarrow Y\uparrow$$

である。この関係をグラフで示せば、図9-1のようになる。この右下がりの線をIS曲線と呼ぶ。IS曲線は財市場における利子率と国民所得の関係を示した線である。

5 IS曲線を外れた場合

この線上に経済がなければ財市場の需給が一致しない。たとえば現実の経済がa点にあるとき利子率はr_1である。r_1の下で均衡する国民所得はY_1で、現実のY_2は過大な国民所得になっている。a点では利子率が高過ぎるため、投資需要が少なく、超過供給が発生しているからである（$Y>C+I+G$）。Y_2の供給をすべて需要するためには、利子率はr_2でなければならない。その水準であれば、十分な投資需要が生まれるためである。

したがって、利子率がr_1のままであれば（IS曲線は財市場の均衡を示す線なので利子率は変化しないと仮定する）、「有効需要の原理」によって過剰な供給が削減され、国民所得はY_1の水準に収束することになる（図9-1、b点）。

第2節　*LM*曲線の導出

1　どこまでを貨幣と呼ぶのか

　次は財市場を離れ、貨幣市場を見ていくことにしよう。「貨幣」にも「市場」があるのかと、不思議に思われる読者もいるかもしれない。世の中に出回っているお金の量は無限ではないため、支払い等に必要なお金が、国全体に存在する貨幣量を超えてしまうことがある。このとき、貨幣のニーズを少なくする調整が必要で、この調整をするのが貨幣市場である。

　どこまでを貨幣と呼ぶのかは、すでに第6章第2節で勉強した。たとえば、貨幣が次の5つ、現金通貨、普通預金、当座預金、定期性預金、譲渡性預金から構成されているとしよう。

　ここで着目するのは、貨幣には現金通貨のほか、普通預金等われわれが銀行に預けている預金も含まれる点である。第6章第3節で説明した「信用創造」のプロセスに預金が重要な役割を果たすためである。

2　貨幣需要について

　「貨幣需要」とはどのようなときに貨幣が必要になるのかということで、次の3つのケースがある。①取引動機による貨幣需要、②予備的動機による貨幣需要、③投機的動機による貨幣需要である。

　①取引動機による貨幣需要は、財を消費する対価として必要な貨幣である。たとえば350円のコーヒーを飲みたいと思えば、コーヒーの価格分だけ（つまり350円）貨幣が手元になければならず、これは350円分の貨幣が必要になったことになる。

　もう少し大きな観点からこのことを考えてみよう。国全体の取引動機による貨幣需要は、コーヒーの支払いと同じく、当然国全体の支払い金額と同じになる。たとえば、日本国民の買い物金額の合計が500兆円だとすれば、日本全体で500兆円分の貨幣が支払いに必要である。

第8章第2節で勉強した三面等価の原則によれば、国全体の支払い金額（総需要）は国民所得 Y に等しかった。そうだとすれば、Y が増大するにつれて（つまり総需要が大きくなるにつれて）、支払いに必要な貨幣も増加していくはずである。つまり、

$$Y\uparrow \Rightarrow 取引動機による貨幣需要\uparrow \quad Y\downarrow \Rightarrow 取引動機による貨幣需要\downarrow$$

という関係がある。

次に、②予備的動機による貨幣需要とは「不意の支出」に備えるためのお金である。たとえば、病気になったときや急に会社を解雇されたとき、予備のお金をもっていればすぐに困ることはない。このような事態に備えるために貨幣が必要となる。

③投機の動機とは「資産」としての貨幣需要である。インフレを除けば、貨幣は価値が目減りしない安全資産である。たとえば「資産」の一つである株式はその価格が毎日変動し、買った価格よりも低い価格になることがあるが、貨幣の価値は毎日変動しない（お財布の中の1000円札が、次の日に、「その1000円札の価値は500円だ」などといわれることはない）。ちなみに、安全な貨幣を好んで保有したくなることを、「流動性選好」と呼ぶ。

3 資産選択について

投機的動機による貨幣需要は、資産選択として考えることができる。

貨幣は安全資産で、損をすることもなければ、儲かることもない。一方、資産には、貨幣のほか、株式・国債・社債・投資信託などがある。貨幣以外のすべての資産は、利子または値上がり益で儲かる反面、値下がりで損をすることもあり、便宜的にこれら共通する特徴をもつ資産をまとめて、「債券」と呼ぶことにする（貨幣以外の資産を「債券」として一まとめにすることによって、説明がシンプルになる）。

すると、資産は「安全だが儲からない貨幣」でもつか、「危険だが利子のつく債券」でもつかの選択になる。もちろん、すべての資産を片方で保有する必要はない。われわれが決めるのは2種類の資産の保有割合で、たとえば

貨幣を80万円分保有し、債券は20万円分保有するといった具合である。

前述したが、利子の大きさを決めるのが利子率である。たとえば、利子率が10％のとき100万円分の債券を保有していれば、100万円×10％＝10万円の利子を得られる。このとき、債券をもっている人は最終的に110万円が手元に残ることになる（100万円の債券が値下がりしていない場合）。利子率が20％であれば利子は20万円になり、30％ならば30万円の利子がつく（利子率が高くなれば、最終的に手元に残るお金が大きくなることに気づいていただきたい）。

貨幣と債券の保有割合は債券の利子率に影響される。なぜなら、利子率が低ければ儲からない債券を嫌い、安全資産である貨幣を保有する人が多くなり、その逆に利子率が高いと儲かる債券を保有する人が多くなり、貨幣を手放す人が多くなるからである。

この結果、利子率の上昇は債券需要を増大させると同時に貨幣需要を減少させ、利子率の下落は債券需要を減少させると同時に貨幣需要を増大させることがわかる。さらに、利子率と貨幣需要の関係をダイレクトに見れば、

利子率↑⇒貨幣需要↓　利子率↓⇒貨幣需要↑

という関係が成立する。

4　貨幣市場と利子率の決定

上述したように、貨幣需要は利子率に影響される。この関係をグラフで見てみれば、図9-2のようになる。縦軸に利子率を、横軸に貨幣需要を取れば、右下がりの曲線が導き出される。

さらにここに貨幣供給曲線を書き入れてみよう。第6章第2節で説明したように、貨幣供給量は中央銀行（日本では日本銀行）が決定するので利子率に影響されない。そのため、先ほどのグラフと同様に縦軸に利子率、横軸に貨幣供給を取れば、どのような利子率に対しても一定の貨幣供給量となることを示す垂直な直線が描ける（図9-3）。

この2つのグラフを一つにすると利子率が決定される（図9-4）。貨幣需要曲線と貨幣供給曲線が交わる点で利子率が決まる。この点では貨幣の需給

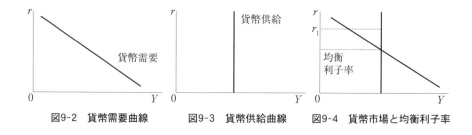

図9-2　貨幣需要曲線　　図9-3　貨幣供給曲線　　図9-4　貨幣市場と均衡利子率

が一致している。この利子率を均衡利子率と呼ぶ。

　仮に現実の利子率r_1が均衡利子率を上回る状態だったとしよう。r_1では、貨幣供給量が貨幣需要量を上回っている。r_1では利子率が高いので、安全な貨幣よりも、（リスクはあるが）儲かる債券の需要が大きいのである。債券需要は利子率が低くなると（つまり儲かる条件を悪くすることで）減少する。これは同時に貨幣需要の回復を意味する。債券の魅力が薄まるとリスクを嫌い安全な貨幣をほしがるためである。最終的には貨幣需要量と貨幣供給量が一致する水準まで利子率が下落する。この調整によって、当初の利子率がどのような水準であろうと、最終的には均衡利子率に収束する。

5　*LM*曲線の導出

　ここまで説明すると、いよいよ*LM*曲線を導出することができる。*LM*曲線は貨幣市場で決定される利子率と、国民所得の関係を表す曲線で、国民所得の変化が貨幣市場にどのように影響を与えるのかを見ていくことにする。

　財市場で国民所得Yが増大したとしよう。Yの増大は支払いに必要な貨幣、すなわち貨幣の取引需要を増加させる。すると貨幣市場では貨幣の超過需要が生じる。このミスマッチは利子率が上がり、債券需要が増大すると解消する。債券需要の増大は貨幣需要の減少につながるためである。

　この結果、国民所得Yが増大すると、貨幣市場が均衡するためには利子率rが上昇しなければならないことがわかる。その逆に、国民所得Yが減少すれば、利子率rは低下する必要がある。すなわち、

$Y\uparrow \Rightarrow r\uparrow \quad Y\downarrow \Rightarrow r\downarrow$

となる。この関係を縦軸に利子率 r、横軸に国民所得 Y を取るグラフで見れば、右上がりの曲線となる（図9-5）。

この右上がりの曲線を LM 曲線と呼ぶ。LM 曲線は貨幣市場（および債券市場）が均衡する利子率と国民所得の組み合わせを示している。

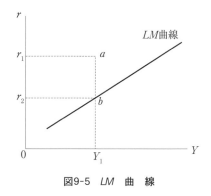

図9-5 LM 曲線

6　LM 曲線を外れた場合

経済が LM 曲線上にない場合は貨幣市場（および債券市場）の需給は一致しない。たとえば経済が図9-5の a 点にあるとしよう。a 点における利子率は r_1 で国民所得は Y_1 である。このとき、貨幣市場では貨幣が余っている（債券市場では債券の超過需要が発生している）。貨幣市場が均衡するには、利子率が r_2 まで下落しなければならない。利子率が下落すれば債券需要は減少し、貨幣需要が増加する。利子率は貨幣市場と債券市場が同時に均衡する r_2 の水準まで下落することになり、経済は再び LM 曲線上に収束する（図9-5、b 点）。

第3節　IS-LM 分析

それではいよいよ IS 曲線と LM 曲線を一つのグラフで見ることにしよう。財市場の均衡を表す IS 曲線と、貨幣市場の均衡を表す LM 曲線を一つのグラフで分析できるのは、両グラフともに縦軸に利子率、横軸に国民所得を取っていて、測定する項目が共通しているからである。

2つのグラフを一つにするメリットは、財市場と貨幣市場を同時に分析できる点にある。図9-6がそれである。

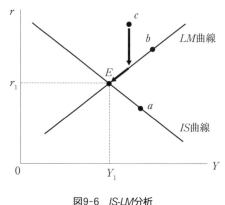

図9-6 IS-LM分析

図9-6のE点は財市場と貨幣市場が同時に均衡する唯一の点である。現実の経済がE点にあれば、経済はIS曲線上にあると同時にLM曲線上にもあるので、財市場も貨幣市場も均衡している。このときの利子率を均衡利子率、国民所得を均衡国民所得と呼ぶ。IS曲線にしろ、LM曲線にしろ、それぞれの線を外れると、その市場は不均衡となる。

経済がE点以外にある場合を考えてみよう。たとえば図中a点は、経済はIS曲線上にあるがLM曲線からは外れている。この場合、財市場は均衡しているが、貨幣市場は不均衡となっている。また、b点では経済がLM曲線上にあるが、IS曲線からは外れている。この場合、貨幣市場は均衡しているが、財市場は不均衡になっている。もちろん、c点ではIS曲線上にもLM曲線上にもないので、両市場とも不均衡である。

経済がE点以外にある場合は、各市場で前述の調整が働き不均衡は解消される。現実経済では一般的に貨幣市場の調整が財市場の調整よりも早い。財市場の調整には生産の拡大や削減が必要なため、比較的調整に時間がかかるためである。したがって、経済がc点にあるとすれば、まず利子率が下落してLM曲線上に向かって調整される。時間の経過とともに財市場で供給の削減が行われ、経済はE点へ向かって調整される（図9-6の矢印）。

第4節 経済政策

1 財政政策

それでは財政政策が利子率と国民所得にどのような影響を与えるのかを見

ていこう。財政政策とは政府支出の増加でΔGで示された。

財政政策の影響を直接受けるのは財市場の均衡を示すIS曲線である。ΔGは総需要を増加させるためである。ΔGによってIS曲線は右方へシフトする。図9-7のISからIS'へのシフトがそれに当たる。当初均衡点はE点で利子率はr_1、国民所得はY_1である。ΔGはYを拡大させるため、利子率がr_1の下で国民所得は増大しなければならない。このため、ΔGはIS曲線の右方シフトとなる。

一方、ΔGによるYの増大で、貨幣の取引需要が増加する。このため貨幣市場を示す図9-9では貨幣需要曲線が右方へシフトして、利子率が上昇する。

IS-LM分析におけるこの効果は図9-8の矢印で追うことができる。ΔGによるYの増大は、IS曲線を右方へシフトさせる。それに伴い貨幣市場で利子率が上昇し、均衡点はE'となる。この結果、財政政策を行うと、国民所得の増大と利子率の上昇をもたらすことがわかる。図9-8ではYはY_1からY_2へ、rはr_1からr_2となっている。

もし政府が政府支出を削減すれば、今述べた経路とまったく反対の経路をたどり、国民所得の減少と利子率の低下をもたらす。これは図9-8におけるIS曲線の左方シフトで、ISからIS″へのシフトである。この結果、均衡点はEからE″へ移動し、国民所得の減少と利子率の低下につながる。

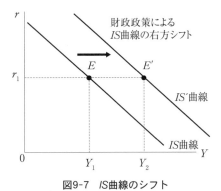
図9-7 IS曲線のシフト

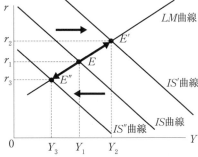
図9-8 IS曲線のシフトと均衡点の変化

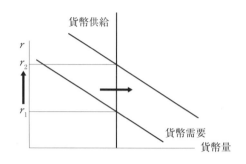

図9-9 貨幣需要増大による利子率の上昇

2 金融政策

次に金融政策の効果を考えよう。金融政策は第6章第5節で学習したとおり、中央銀行が買いオペ・売りオペや法定準備率を変化させることによって、貨幣供給量を変化させるものである。たとえば中央銀行が買いオペを実行すれば、貨幣供給量は増加し、利子率は下落する。図9-10では貨幣供給量の増加で貨幣供給曲線が右方にシフトし、利子率はr_1からr_2になっている。

金融政策の効果をIS-LM分析で見てみよう。金融緩和政策によって貨幣供給量が増加するとLM曲線は図9-11のようにLMからLM'へ下方シフトする（LM曲線が貨幣市場の均衡を表すものであったことを思い出していただきたい）。当初の均衡点はE点で利子率はr_1、国民所得はY_1である。金融緩和政策は図9-10のように利子率を下落させるので、Y_1の下で利子率は下落しなければならない。このため、貨幣供給量の増加はLM曲線を下方シフトさせる。

金融緩和政策は財市場（すなわちIS曲線）にどのように影響するのであろうか。今述べたように、貨幣供給量が増大すると利子率が下落する。ここで、投資と利子率の関係を思い出していただきたい。投資需要は利子率の減少関数で、利子率の下落は投資を増大させ、利子率の上昇は投資を減少させた。このため、貨幣供給量が増大して利子率が下落すると、財市場で投資が増加して国民所得を押し上げる。その効果は図9-12で見ることができる。

図9-12では金融緩和政策によってLM曲線が下方へシフトした結果、均衡点はEからE'へ移動している。LM曲線の下方へシフトで利子率が下落すると、IS曲線上で矢印に沿った投資拡大がある。この結果、国民所得は増大する。図9-12ではYはY_1からY_2へ、rはr_1からr_2となっている。もちろん、中央銀行が金融引締めを行い、貨幣供給量が減少すれば、今述べた経

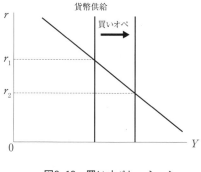

図9-10 買いオペレーション

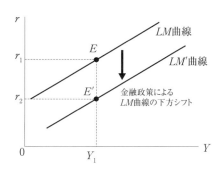

図9-11 LM曲線のシフト

路とは反対のプロセスを経て国民所得の減少と利子率の上昇につながる。図9-12ではLM曲線が上方にシフトして均衡点はE''となり、利子率は上昇し、国民所得は下落することが示されている。

第5節 経済政策の有効性

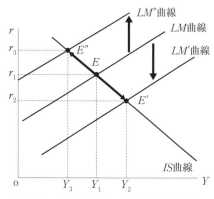

図9-12 LM曲線のシフトと均衡点の変化

1 クラウディング・アウト

　財政政策にはクラウディング・アウトと呼ばれる効果が伴う。クラウディング・アウトとは財政政策による利子率上昇で、投資需要が減少し、財政政策の効果を打ち消してしまう現象である。図9-13のように、ΔGによってIS曲線は右方へシフトする。このとき、利子率r_1の下では国民所得はY_1からY_2まで増大するはずである。

　ところが、財政政策の金融市場での影響を考えると、国民所得はY_2まで増加しない。なぜなら、財政政策は貨幣の取引需要を増やすので、利子率は上昇しなければならず、財市場で投資が減少してしまうためである。

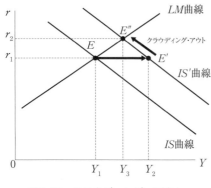

図9-13 クラウディング・アウト

図9-13でクラウディング・アウトを見てみよう。本来ならばY_1からY_2まで国民所得が増加するが、利子率はr_1からr_2に上昇するため国民所得はY_3までしか増大しないことがわかる。これはクラウディング・アウトによって投資が減少したためである。

2　ポリシー・ミックス

クラウディング・アウトは、利子率の上昇を抑えることができれば起こらない。そのためには、財政政策と金融政策を同時に実行するポリシー・ミックスが有効である。

金融政策で学習したことを思い出していただきたい。金融政策によって貨幣供給量が増加すると、LM曲線の下方シフトが起こり、利子率は下落した。ポリシー・ミックスはこの効果を利用して、財政政策による利子率上昇を相殺する。

図9-14でその効果を確かめてみよう。今、財政政策と金融政策を同時に実行したとしよう。するとIS曲線は右方に、LM曲線は下方へシフトし、均衡点はEからE'へ移る。もし財政政策のみであれば均衡点はa点で、利子率はr_1からr_2へ上昇してクラウディング・アウトが発生してしまう。しかし、金融政策を同時に実行してLM曲線が下方にシフトすれば、利子率は財政政策による上昇分を吸収し、政策実行前と同じr_1のままである。この結果、クラウディング・アウトは

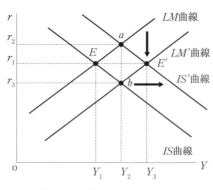

図9-14　ポリシー・ミックス

発生しない。

　また、ポリシー・ミックスはそれぞれの政策を単独で行う場合よりも、国民所得を押し上げる。図9-14は、もしそれぞれの政策を単独で行えば、均衡点はa点あるいはb点で、国民所得はY_2であるが、ポリシー・ミックスでは国民所得がY_3まで上昇していることがわかる。このように財政政策と金融政策を同時に実行することで、国民所得をより大きく拡大することができる。

○引用・参考文献

伊藤元重『入門経済学（第4版）』日本評論社、2015年。

小林弘明ほか『入門マクロ経済学』実教出版、2010年。

増澤俊彦編著『経済学の世界』八千代出版、2004年。

吉川洋『マクロ経済学（第3版）』岩波書店、2009年。

Krugman, P., Wells, R., *Macroeconomics*, Worth Publishers, 2006.

Samuelson, P. A., Nordhaus, W. D., *Economics*, 6th Edition, McGraw-Hill, 1998.

Stiglitz, J. E., Walsh, C. E., *Principles of Macroeconomics*, 3rd Edition, W.W. Norton and Company, 2002.

コラム：アベノミクスについて

　2012年2月に誕生した第2次安倍内閣は、経済政策として「アベノミクス」を掲げた。これは「安倍」と経済を意味する「エコノミクス」をかけ合わせた造語で、レーガン大統領が実行したレーガノミクスに由来する。

　アベノミクスは3つの「矢」（政策）を順次実行することで、力強い景気回復を試みる政策である。3つの矢は毛利元就の「3本の矢」をもじったもので、「財政政策」「金融政策」「成長戦略」の実行で「折れない景気回復」を目指している。

　実際に経済は回復しているのだろうか。2017年現在、景気の目安となる失業率や有効求人倍率などを見る限り、確かに景気は改善されている。一方、国民が景気回復を実感しているかといえば、必ずしもそうではない。

　日本のサラリーマンの平均年収は1997年に470万円程度だったのに対して2014年では420万円程度まで落ち込んでいる。このデータを見る限り、将来の給料が増えると予想することは難しいのではないだろうか。

　なぜこのようなズレが生じるのか。理由の一つはアベノミクスが人々の「期待」（予想）を修正できないためであろう。実は、経済は未来に対する「期待」で動くことが多い。たとえば将来給料が上がり続けると予想する人が増えれば、日本全体で消費が増えるだろう。その逆に給料が下がると予想する人が多ければ、将来の給料不足を補填するために、買い物を控えて貯蓄をするはずである。景気を回復させるためには、将来の「期待」を上向かせる必要がある。

第 10 章

景気循環と経済成長

第1節 物価の決定とその変動

1 物価とその測定について

　第8章「国民所得の決定」では、一国の経済の活動を測定する仕組みである国民経済計算（SNA）における代表的な計数について、国内総生産GDPを中心に解説が行われた。そこでは、物価の変動を含む名目値とそれを除去した実質値の区別についても説明された。

　現実経済において、多種類の生産物が生産され、その取引量も価格も様々である。そして、一般に、生産量も価格も、時間を通じて変化する。ある年の名目GDPは、その年に生産された最終生産物を、その年の市場価格で評価して合計した額である。一方、ある年の実質GDPは、その年に生産された最終生産物を、基準年の市場価格で評価して合計した額である。

　そのため、ある国である年の一年間に生産される最終生産物の数量が前年と同じである場合、実質GDPは同額となる。一方、生産される最終生産物の数量が前年と同じであっても、物価が変動する場合、一般に、ある年の名目GDPは前年の名目GDPと同額にはならない。物価が上昇する場合、ある年の名目GDPは前年の名目GDPを上回る一方、物価が下落する場合、ある年の名目GDPは前年の名目GDPを下回る。

　名目GDPと実質GDPを用いた物価指標にGDPデフレーターがある。このGDPデフレーターは、名目GDPを実質GDPで除した値として定義されている。

$$GDP デフレーター = \frac{名目GDP}{実質GDP} \times 100 （\%）$$

このGDPデフレーターの値が、前期よりも上昇しているとき、物価は上昇しており、一方、前期よりも下落しているとき、物価は下落していることになる。

このGDPデフレーターは、代表的物価指数の一つである。このほかに、消費者物価指数（CPI）、企業物価指数（CGPI）などの物価指数がある。これら物価指数の詳細についての説明は、章末の参考文献を参照してほしい。

一般に、物価とは取引される財・サービス価格の平均であると考えることができるが、この物価は、どのような要因によって決定されるのであろうか。そこで、以下では、総需要-総供給モデルを用いて、物価の決定について解説する。また、以降、単位の問題を回避するため、物価水準という用語を用いることにする。

2　総需要-総供給分析

現実の経済では、多種多様な財・サービスが生産され、取引されているが、一国における物価の決定について分析するに当たり、単純化のため、生産される財の種類が一種類であると仮定する。そして、この財に対して需要と供給が作用し、決定される価格を物価と考える。つまり、一国における最終生産物に対する需要量を総需要、供給量を総供給と呼び、それらの相互作用により、物価水準が決定されると考えるのである。

以下では、総需要-総供給分析における総需要曲線と総供給曲線を導出し、物価水準の決定について考える。

3　総需要曲線

総需要曲線とは、物価水準と総需要の組み合わせの集まりである。すなわち、総需要曲線は、様々な水準に決まる可能性のある物価に対して、それぞれどれだけの総需要が対応するかを表す曲線である。また、総需要曲線は、

縦軸に物価水準、横軸に総需要を測ると、一般に、右下がりの形状となる（図10-1）。

総需要-総供給分析における総需要曲線の導出に際して、第9章「経済政策」において解説された*IS-LM*分析が基礎となる（図10-2）。*IS-LM*分析では、物価を一定として、貨幣供給量が増加するとき、*LM*曲線が右方シフトして、利子率の低下と国民所得の増加が生じる。一方、貨幣供給量が減少するとき、*LM*曲線が左方シフトして、利子率の上昇と国民所得の減少が生じる。

*IS-LM*分析では、物価水準を一定と仮定しているが、総需要-総供給分析では、物価水準を変数としてモデルに採り入れる。そして、物価水準によって、財市場と貨幣市場の同時均衡で決まる国民所得を総需要と考えると、総需要曲線が導出される。

*IS-LM*分析において、物価水準が変化したとき、その直接的な影響は、実質貨幣供給量に及ぶ。すなわち、名目貨幣供給量を一定として、物価水準が下落すると実質貨幣供給量は増加し、物価水準が上昇すると実質貨幣供給量は減少する。そして、実質貨幣供給量が増加するとき、*LM*曲線が右方シフトし、国民所得が増加する一方、実質貨幣供給量が減少するとき、*LM*曲線が左方シフトし、国民所得が減少する。国民所得を総需要と考えると、物

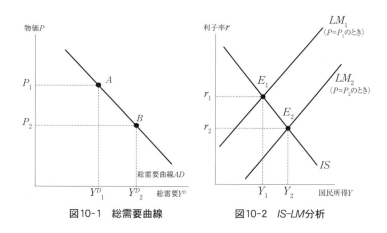

図10-1　総需要曲線　　　　図10-2　*IS-LM*分析

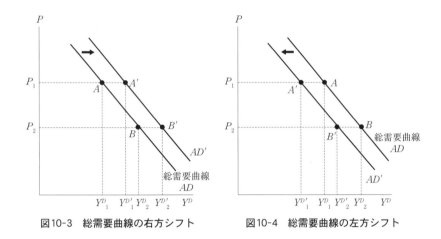

図10-3　総需要曲線の右方シフト　　図10-4　総需要曲線の左方シフト

価水準が下落するとき総需要が増加し、物価が上昇するとき総需要が減少することになり、この物価と総需要の関係が総需要曲線である。そして、総需要曲線は、縦軸に物価水準、横軸に総需要を取った図において、右下がりの形状となる。

　物価水準を一定として、総需要が増加するとき、総需要曲線は右方シフトする一方、総需要が減少するとき、総需要曲線は左シフトする。総需要は、消費支出、投資支出、政府支出、および外需（輸出 − 輸入）から構成されるので、総需要曲線は、物価水準を一定として、これらが増加すると右方シフトし、減少すると左方シフトする。

　たとえば、物価水準を一定として、中央銀行による金融政策によって貨幣供給量が増加するとき、総需要が増加するので、総需要曲線は右方シフトする。一方、貨幣供給量が減少するとき、総需要曲線は左方シフトする（図10-3、10-4）。

4　総供給曲線

　総供給曲線とは、物価水準と総供給の組み合わせの集まりである。すなわち、総供給曲線は、様々な水準に決まる可能性のある物価に対して、それぞれどれだけの最終生産物が供給（生産）されるかを示す曲線である。総供給

曲線は、縦軸に物価水準、横軸に総供給を測ると、一般に、右上がりの形状となる。

最終生産物の供給（生産）量を決定するのは、利潤最大化を目的として行動する企業である。第4章では、個別企業の利潤最大化行動に関する解説が行われた。本章で扱う最終生産物の供給量は、一国に存在するすべての企業の最終生産物の生産量を集計したものである。しかしながら、ここでは単純化のために、一国における最終生産物の供給量は、集合体としての一企業によって、利潤最大化を目的として、選択されるものとする。

企業は生産において、生産要素の投入量と最終生産物の生産量の間に、一定の技術的関係を有しており、これをマクロ生産関数と呼ぶ。ここで投入される生産要素は、労働と資本であるとする。また、分析期間が生産における短期であると仮定し、労働を可変的生産要素、資本を固定的生産要素と仮定する。

最終生産物の生産量である総供給を Y^S、労働投入量を N、資本ストックを K とすると、マクロ生産関数は次式のように示すことができる。ただし、K の上つきバーは、資本ストックが固定されていることを示す。

$$Y^S = F(N, \bar{K})$$

また、縦軸に総供給 Y^S、横軸に労働投入量 N を取り、図示すると、マクロ生産関数は図10-5のように示すことができる。

企業の利潤 Π は、総収入 TR から総費用 TC を差し引くことにより求められる。

$$\Pi = TR - TC$$

完全競争市場を仮定すると、企業は最終生産物の価格である物価 P、労働の価格である名目賃金 W、資本価格である資本のレンタル・プライス r に対して、プライス・

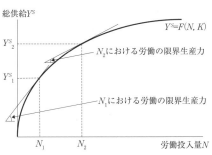

図10-5　マクロ生産関数

テイカーとして行動する。このとき、利潤を示す式は、次式のように書くことができる。

$$\Pi = PF(N, \bar{K}) - (WN + r\bar{K})$$

この式は、物価と総供給量をかけ合わせることで求められる総収入（右辺第1項）から、名目賃金と労働投入量をかけ合わせた労働にかかる費用とレンタル・プライスと資本投入量をかけ合わせた資本にかかる費用の合計である総費用（右辺第2項）を差し引くことで、利潤Πが求められることを示している。

ここで、P、W、r、Kは所与の値であるから、企業が労働投入量をN_1と決めたと仮定すると、総供給がY_1^sとなり、利潤は次式のようにΠ_1となる。

$$\Pi_1 = PF(N_1, \bar{K}) - (WN_1 + r\bar{K})$$

このとき、利潤が最大化されているか否かを以下のように確認することができる。労働を1単位増加させるとき、労働の限界生産力に等しく総供給が増加する。すると、この総供給の増加量に物価をかけた分だけ、総収入が増加する。一方、労働を1単位増加させることで、名目賃金に等しい総費用の増加が生じる。すると、労働を1単位増加させるとき、総収入の増加が総費用の増加を上回るときには、総供給を増加させることで利潤を増加させることができる。また、労働を1単位増加させるとき、総収入の増加が総費用の増加を下回るときには、総供給を減少させることで利潤を増加させることができる。よって、企業が利潤を最大化するように労働投入と総供給を選択するとき、労働を1単位増加させることで得られる総収入の増加と総費用の増加が等しいという条件が成立することがわかる。

利潤最大化条件を式で示すと、次のようになる。

$$P \times \underbrace{\frac{\Delta Y^S}{\Delta N}}_{\text{労働の限界生産力}} = \underbrace{W}_{\text{名目賃金}}$$

労働1単位の増加による総収入の増加　労働1単位の増加による総費用の増加

両辺を物価Pで割ると、次式のようになる。

$$\underbrace{\frac{\Delta Y^S}{\Delta N}}_{\text{労働の限界生産力}} = \underbrace{\frac{W}{P}}_{\text{実質賃金}}$$

　企業が、利潤最大化を行い、この条件が成立するように総供給を行うと仮定すると、物価水準と総供給の関係は次のようになる。物価水準が上昇すると、名目賃金を一定として、実質賃金が低下するので、企業は、労働投入を増やし、総供給を増加させる。一方、物価水準が下落すると、名目賃金を一定として、実質賃金が上昇するので、企業は、労働投入を減らし、総供給を減少させる。以上のことから、縦軸に物価水準、横軸に総供給を測り図示すると、総供給曲線は、一般に、右上がりの形状となる（図10-6）。

　物価水準を一定として、総供給が増加するとき、総供給曲線は右方シフトする一方、総供給が減少するとき、総供給曲線は左方シフトする。たとえば、生産性の向上（技術進歩）、生産要素価格下落が生じると、総供給曲線は右方シフトし、生産性の低下、生産要素価格上昇が生じると、総供給曲線は左方シフトする（図10-7、10-8）。

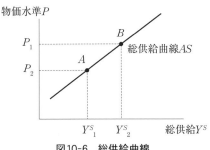

図10-6　総供給曲線

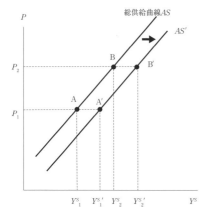
図10-7　総供給曲線の右方シフト

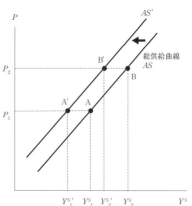
図10-8　総供給曲線の左方シフト

5　物価水準の決定とその変動

図10-9は、縦軸に物価水準P、横軸に総需要Y^D、総供給Y^S、国民所得Yを測り、これまで導出した総需要曲線と総供給曲線の両方を描き入れたものである。

この図において、均衡物価水準P^*の下で、総需要と総供給が一致するY^*が均衡国民所得となる。

物価水準が、継続的に上昇する現象をインフレーションと呼び、逆に、継続的に下落する現象をデフレーションと呼ぶ。

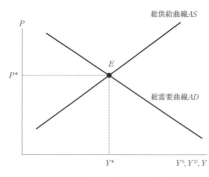
図10-9　総需要-総供給分析

1）インフレーション

物価水準を一定として、消費支出、投資支出、政府支出などが増加すると、総需要曲線が右方にシフトして、均衡物価水準の上昇と均衡国民所得の増加が生じる（図10-10）。また、生産性の低下や生産要素価格の上昇が生じると、総供給曲線が左方にシフトして、均衡物価水準の上昇と均

衡国民所得の減少が生じる（図10-11）。

　以上のことから、総需要曲線を右方シフトさせる要因、または総供給曲線を左方シフトさせる要因によって、インフレーションが生じる可能性があることがわかる。しかしながら、総需要曲線の右方シフト要因により生じるインフレーションは、均衡国民所得水準の増加を伴うが、総供給曲線の左方シフト要因により生じるインフレーションは、均衡国民所得水準の減少を伴うことには注意が必要である。

２）デフレーション

　物価水準を一定として、消費支出、投資支出、政府支出などが減少すると、総需要曲線が左方にシフトして、均衡物価水準の下落と均衡国民所得の減少が生じる（図10-12）。また、生産性の上昇や生産要素価格の低下が生じると、総供給曲線が右方にシフトして、均衡物価水準の下落と均衡国民所得の増加が生じる（図10-13）。

　以上のことから、総需要曲線を左方シフトさせる要因、または総供給曲線を右方シフトさせる要因によって、デフレーションが生じる可能性があることがわかる。総需要曲線の左方シフト要因によるデフレーションは、均衡国民所得水準の減少を伴うが、総供給曲線の右方シフト要因によるデフレーションは、均衡国民所得水準の増加を伴う。

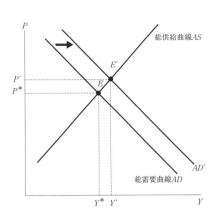

図10-10　総需要の右方シフトによる物価上昇

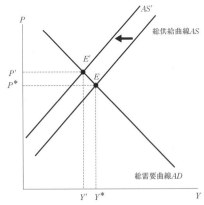

図10-11　総供給の左方シフトによる物価上昇

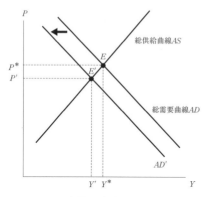
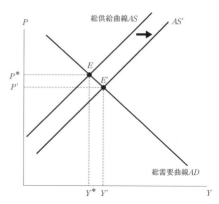

図10-12　総需要の左方シフトによる物価下落　　図10-13　総供給の右方シフトによる物価下落

　以上の分析結果には、経済においてインフレーション、またはデフレーションが生じて、政府や日本銀行が対策を講じる必要があると判断する場合、その原因が需要サイドと供給サイドのどちらにあるかによって、行うべき政策が異なることが含意される。

第2節　景気循環

　一国における経済活動の水準は、時間とともに変化する。この経済活動の水準の変化は、長期的なトレンドとそのトレンド周りの変動に分けて見ることができる。経済学では、前者の長期的なトレンドを経済成長、後者のトレンド周りの変動を景気循環と区別する場合がある。

　図10-14は、長期にわたる経済活動水準の変化を示したイメージ図である。この図において、点A、B、Cを通る曲線が、実際の実質GDPの水準とその変化を示している。この曲線にトレンド線を引き、その傾きを長期における経済成長率と考える。

　実際の実質GDPはトレンド線の周りを変動しており、トレンド線からの乖離の変動を景気循環と考えることができる。そこで、横軸に時間を測り、縦軸に現実の実質GDPのトレンド線からの乖離を測り、図を描くと、景気

循環のイメージ図となる（図10-15）。この図における A 点は、図10-14において実質GDPのトレンド線からの下への乖離が局所的に最大となっている点であり、景気の谷と考えられる。一方、B 点は、図10-14において実質GDPのトレンドからの上への乖離が局所的に最大になっている点であり、景気の山と考えられる。

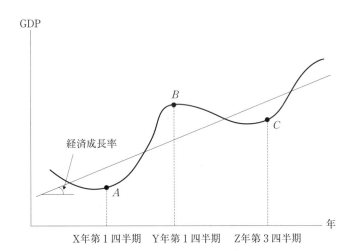

図10-14　経済成長率と景気循環のイメージ図

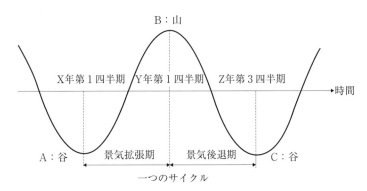

図10-15　景気循環のイメージ図

1 景気循環

　景気循環は、実質GDPのトレンド線周りの変動であり、景気の谷（底、床）→山（天井）→谷というサイクルを描く。景気循環において、一般に、谷から谷までを一つのサイクルと考える。また、景気の谷から山までの期間を景気拡張期、山から谷までの期間を景気後退期と呼ぶ。

　景気循環の種類として、そのサイクルが生まれる原因別に、4つが実証的に確認されており、実際の景気循環はこれらが複合的に作用していると考えることができる。それらをサイクルの短い順に見ていこう。

2 在庫循環

　まず、在庫の変動を主要因とする在庫循環が確認されている。企業が保有している在庫水準は、その企業が生産している財に対する需要量と生産量に影響される。たとえば、景気の谷において、需要量、生産量、および在庫量が、局所的に最小になっている状況において、需要量が増加すると、生産量がそれに追いつかず、在庫水準が減少する。このとき、企業は生産量を増加させて、在庫をもとの水準に戻そうとする。この在庫を増加させる動きは需要の増大に対応しており、景気は拡張期に入る。

　その後、景気の拡張が本格化すると、財に対する需要はさらに増加し、企業は、在庫を最適な水準に積み増すために、さらに生産量を増加させる。その後、生産量の拡大が需要を上回り在庫が増加すると、企業は生産量を減少させ、在庫水準を減少させる調整に入る。これによって、景気は下降局面に入る。その後、景気後退が本格化すると、企業はさらに生産量を減少させ、在庫水準を最適水準まで低下させる。

　以上のプロセスにおいて、在庫の循環的変動が景気循環の原因となることが理解できる。また、この在庫循環は、2年から4年程度の周期をもち、キチン循環と呼ばれる。

3　設備投資循環

　設備投資循環は、企業の資本設備の耐用年数としての約10年を周期とする循環である。企業が設備投資を行うと、景気は拡張局面に入る。設備投資により増加した資本設備は、時間とともに償却され、企業の資本設備が耐用年数を迎えると、新しい資本設備を購入する設備投資が行われる。これによって、景気は再び拡張局面に入る。以上のような設備投資循環は、約10年の周期をもち、ジュグラー循環とも呼ばれる。

4　建設投資循環

　住宅建築や工業用・一般用建築物などは、その更新時期、人口の増加と住宅建設の速度の差などから、20年程度を周期とする景気循環を生じさせると考えられている。このような景気循環は、クズネッツ循環とも呼ばれる。

5　長 期 波 動

　技術革新や紡績機械や自動車などの革新的な財の発明により起こる50年程度を周期とする景気循環である。また、このような循環は、コンドラチェフ循環とも呼ばれる。

第3節　経済成長の要因と成長会計

　本章のはじめに、経済成長が実質GDPの長期的なトレンドに相当することについて確認した。経済活動水準は、一般に、総需要と総供給により決定されるが、経済学では、GDPの短期的な変動の要因が需要側に、長期的な変動の要因が供給側にあると想定して分析が行われる場合がある。

　そこで、資本が完全利用され、労働が完全雇用されると想定し、長期の経済成長の決定について見ていこう。

1 マクロ生産関数

　一国の最終生産物の生産量 Y（実質GDP）は、長期において、資本ストック
の投入量 K、労働投入量 N、および技術水準 A に依存して決定されると考
えられる。また、Y は資本ストックを完全利用し、労働を完全雇用した際の
GDPであることから潜在GDPと呼ばれる。

　そこで、単純化のために固定資本減耗がないものと仮定して、一国全体に
おける、技術水準、生産要素の投入と潜在GDPとの技術的関係を表すマク
ロ生産関数を、次式のように示す。

$$Y = F(A, K, N)$$

　このマクロ生産関数は、次のような性質をもつ。一般に、技術水準 A の
上昇は、全要素生産性の向上を意味する。全要素生産性の向上は、同じ資本
投入量と労働投入量の下での生産量が増加することを意味する。すなわち、
技術水準の向上は、他の要因を一定として、潜在GDPを増加させるのであ
る。

　また、技術水準と資本ストックの量を一定として、労働人口が増加し、労
働投入量が増加する場合、潜在GDPは増加する。一方、労働人口が減少し、
労働投入量が減少すると、潜在GDPは減少する。

　さらに、技術水準と労働投入量を一定として、資本ストックの投入量が増
加すると、潜在GDPは増加する。一方、資本ストックの投入量が減少する
と、潜在GDPは減少する。

　経済学では、この一般型の生産関数の具体的な形として、次式のコブ=ダ
グラス型生産関数を用いることがある。

$$Y = AK^{\alpha}N^{1-\alpha}$$

　上式において、α は生産された付加価値が資本に分配される割合を示す資
本分配率を、$(1 - \alpha)$ は生産された付加価値が労働に分配される割合を示
す労働分配率を表している。α はゼロよりも大きく、1よりも小さいとする

（0＜α＜1）。

2　成長会計

コブ＝ダグラス型生産関数の両辺を次式のように変化率で表示すると、潜在GDPの成長にどの要因がどれだけ寄与しているかという成長会計の式を得る。

$$\frac{\Delta Y}{Y} = \frac{\Delta A}{A} + \alpha \frac{\Delta K}{K} + (1-\alpha)\frac{\Delta N}{N}$$

この式は、潜在GDP成長率を、技術進歩率（全要素生産性成長率）、資本分配率×資本成長率、および労働分配率×労働人口成長率という成長要因に分解することができることを示している。右辺のそれぞれの項は、潜在GDPに対して何％ポイント分の成長に寄与したかを示す寄与度を表す。すなわち、$\frac{\Delta A}{A}$は技術進歩の寄与度、$\alpha \frac{\Delta K}{K}$は資本ストックの寄与度、$(1-\alpha)\frac{\Delta N}{N}$は労働の寄与度を、それぞれ表している。

ただし、GDP、資本、労働という量、および資本分配率、労働分配率という比率については直接計測することができるが、技術水準を直接測ることは困難である。そこで、技術進歩率は、潜在GDP成長率から資本と労働の寄与度を差し引いた残差として計測される。この残差をソロー残差という。

$$\frac{\Delta A}{A} = \frac{\Delta Y}{Y} - \left[\alpha \frac{\Delta K}{K} + (1-\alpha)\frac{\Delta N}{N} \right]$$

この式より、たとえば潜在GDP成長率５％、資本分配率40％、労働分配率60％、労働人口成長率１％、資本成長率２％の経済における、技術進歩の寄与度は、0.6％となることがわかる。

$$\frac{\Delta A}{A} = 2\% - (0.4 \times 2\% + 0.6 \times 1\%)$$

すなわち、成長会計の式による経済成長の要因分解を行うと、上式のよう

になり、2％の潜在GDP成長率にする貢献は、技術進歩が0.6％、資本成長が0.8％、労働人口成長が0.6％であることがわかる。

3　わが国の経済成長の要因分解

図10-16には、成長会計モデルをもとにした、潜在GDP成長率、資本、労働、全要素生産性TFP（技術進歩）の寄与度の推移が示されている。この図に示された成長会計による経済成長の要因分解から、1980年代に4％程度あった潜在GDP成長率は、大きく低下し、2010年代には1％を下回って推移していることがわかる。

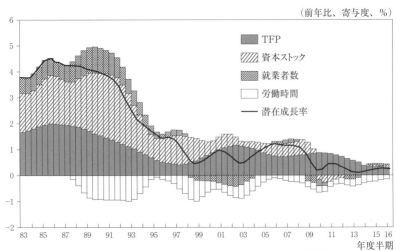

（注）需要ギャップおよび潜在成長率は、日本銀行調査統計局の試算値
（出所）日本銀行『経済・物価情勢の展望　2016年4月』

図10-16　潜在GDP成長率の推移

コラム：日本の潜在GDP成長率の今後

　2010年に入り１％を下回って推移している潜在GDP成長率は、今後、どのように推移するであろうか。今後、さらなる少子高齢化の進展が見込まれることから、すでにマイナスとなっている労働人口成長の寄与度はマイナスで推移するであろう。

　一方、少子高齢化の進展は、一国の貯蓄率を低下させマイナスになるとの予想もある。資本成長は、資本ストックの購入である投資が行われることで生じる。また、投資の原資は貯蓄である。このため、今後予想される貯蓄率の低下は、投資率の低下を招くので、海外から積極的な投資が行われない限り、それが、潜在GDPに対してマイナス寄与する可能性が高い。

　すると、全要素生産性の上昇が一定程度生じない限り、将来、わが国の潜在GDP成長率はマイナス値で推移する可能性が高い。

　このような状況において、政府による長期における経済政策として、女性や高齢者を労働市場へと誘い、生産人口の労働参加率を高める取り組み、海外からの投資を呼び込む取り組み、技術進歩率を高める取り組みが行われていると考えることができる。

○引用・参考文献

福岡正夫『ゼミナール経済学入門』日本経済新聞社、1986年。

二神孝一・堀敬一『マクロ経済学』有斐閣、2009年。

Jones, C. I., *Introduction to economic growth*, W.W. Norton & Company, Inc., 1998.（香西泰監訳『経済成長理論入門』日本経済新聞社、1999年。）

Jones, C. I., *Macroeconomics*, 2 nd edition, W.W. Norton & Company, Inc., 2008.（宮川努ほか訳『ジョーンズマクロ経済学Ⅰ』東洋経済新報社、2011年。）

Krugman P., Wells, R., *Economics*, Worth Publishers, 2006.（大山道広ほか訳『クルーグマンマクロ経済学』東洋経済新報社、2013年。）

第 11 章

国際経済学

　現代社会において、国内の家計、企業、政府などの経済主体は、外国と財・サービス、資産・負債の取引を行っている。本章の「国際経済学」では、これらの国際間の取引に対して、経済学の視点からアプローチする。

　本書では、これまで、ミクロ経済学とマクロ経済学の分野について解説が行われてきた。本章は、それらの応用として、ミクロ経済学を基礎とした国際貿易論と、マクロ経済学を基礎とした国際金融論（国際マクロ経済学）から構成される。

　国際貿易論では、自国と外国との財・サービスの取引における資源配分について考察する。そこで、第1節では、比較優位の原理に基づいて、貿易の利益について分析が行われる。第2節では、市場において貿易が行われることにより、貿易を行っていなかった場合と比較して、均衡がどのように変化するかについて分析が行われる。また、貿易を行うことで、経済厚生がどれだけ改善されるのか、さらに、関税や輸入制限等の貿易政策を行うことで経済厚生がどう変化するのか、についても考察する。

　国際金融論では、国際間での財、サービス、資産・負債の取引を記録する国際収支統計と為替レートの決定について解説する。そこで、第3節では、国際収支統計において、国際間の取引がどのように分類され、収支としてどのように整理されるかについて解説する。そして、第4節では、為替レートに関して、為替レートの定義、および為替レートの決定仮説としての購買力平価説と金利平価説を扱うこととする。

第1節　貿易の利益と比較優位の原理

　世界各国において、様々な財・サービスが生産され、国際間で取引されている。このことは、各国内において、消費や投資を目的とした財・サービスの取引が行われているが、それらがすべて当該国で生産されているわけではないことを意味する。

　自国で生産された財・サービスが、国内で購入される量よりも多く、外国に輸出が行われる場合がある一方で、自国で生産された財・サービスが、国内で購入される量よりも少なく、外国から輸入が行われる場合がある。

　貿易という用語は、一般に、国際間における財の取引のことを示す。そこで、本節では、国際間での財の取引である貿易に焦点を当てて、貿易がなぜ行われるのか、また、貿易を行うそれぞれの国は、何を輸出して、何を輸入するのが望ましいのか、について解説する。

　これらの基本的な問題に対して、理論的解説を与えたのは、リカードの比較生産費説である。そこで、以下では、比較生産費説の考え方について、簡単なモデルを用いて説明する。

1　比較優位を生み出す生産構造

　以下の仮定の下で、A国とB国における比較優位構造とそれをもとにした貿易の利益について解説する。

1．A国には、500人の労働人口が、B国には400人の労働人口が存在している。

2．2国において、農業と工業の2つの産業が存在し、それぞれ、同等の品質である米と機械を生産している。

3．2財は、ともに労働の投入により生産される。また、両国において、2財の生産技術は所与である。すなわち、各国においてそれぞれの財1単位の生産に必要な労働投入量（A国の米の生産には労働10人、機械の生産には50人が必要で、B国の米の生産には労働5人、機械の生産には40人が必要）は所

表11-1a　貿易を行う前のA国の生産状況		
1単位の生産に必要な労働投入量	米	機械
	10人	50人
労働投入量	150人	350人
生産量	15単位	7単位
総人口	500人	

表11-1b　貿易を行う前のB国の生産状況		
1単位の生産に必要な労働投入量	米	機械
	5人	40人
労働投入量	320人	80人
生産量	64単位	2単位
総人口	400人	

　与である。

4．生産要素である労働は、国内の産業間を自由に移動可能であるが、国際間での移動はないものとする。

5．両国で、財を貿易する際に、輸送費等の取引費用はかからない。

　まず、貿易を行う前のA国とB国の生産状況について、表11-1a, bのとおりであったと仮定する。すなわち、A国では150人が米の生産に、350人が機械の生産に投入され、米が15単位、機械が7単位生産されている。一方、B国では320人が米の生産に、80人が機械の生産に投入され、米が64単位、機械が2単位生産されている。

　A国、B国の生産量の合計について見ると、米が79単位（A国：15単位＋B国：64単位）、機械が9単位（A国：7単位＋B国：2単位）である。

2　絶対優位と比較優位

　生産量1単位あたり必要な労働投入量をA国とB国で比較してみると、米、機械ともに、B国の方が少ない労働投入量で1単位の生産を行えることがわかる。この点について、労働1単位の平均的な生産量と定義される労働の平均生産性の観点から整理したのが、表11-2である。

　この表において、B国は、A国と比較して、米の生産にお

表11-2　A国、B国における労働の平均生産性

	米	機械
A国における労働の平均生産性	$\dfrac{1}{10}$単位	$\dfrac{1}{50}$単位
B国における労働の平均生産性	$\dfrac{1}{5}$単位	$\dfrac{1}{40}$単位

いても機械の生産においても、労働1単位による生産量が多く、労働の平均生産性が高いこと示している。この点で、B国はA国に対して、米、機械の両財の生産において絶対優位を有している。

3　比較優位と貿易の利益

リカードの比較生産費説によると、一方の国が絶対優位を有している場合においても、両国がそれぞれ比較優位を有する財の生産に特化し、互いに貿易を行うことで利益が生み出される。以下、この点について見ていこう。

それぞれの国において、比較優位が米と機械のどちらにあるかは、労働の平均生産性の値を分数にして、その大きさを比較することで見分けることができる。

$$A国：\frac{\dfrac{1}{10}：米の生産における労働の平均生産性}{\dfrac{1}{50}：機械の生産における労働の平均生産性} < \frac{\dfrac{1}{5}：米の生産における労働の平均生産性}{\dfrac{1}{40}：機械の生産における労働の平均生産性}：B国$$

この分数の値が大きいB国は、A国との比較において、分子にある米の生産における労働の平均生産性が相対的に高いことがわかる。一方、この分数の値が小さいA国は、B国との比較において、分母にある機械の生産における労働の平均生産性が相対的に高いことがわかる。これらの、労働生産性が相対的に優位となる財は、当該国にとって比較優位を有していることになる。すなわち、A国は機械の生産に比較優位を、また、B国は米の生産に比較優位を有している。

そこで、A国、B国が、それぞれ比較優位を有する財の生産に特化することにより貿易の利益が生じることを確認しよう。

表11-3a　貿易を行う前の生産量

	米の生産量	機械の生産量
A国	15単位	7単位
B国	64単位	2単位
合計	79単位	9単位

表11-3b　比較優位を有する財の生産に特化した場合

	米の生産量	機械の生産量
A国	0単位	10単位
B国	80単位	0単位
合計	80単位	10単位

表11−3から、両国が比較優位を有する財の生産に特化することで、両国の合計生産量は、米が79単位から80単位へ、機械が9単位から10単位へと増加することがわかる。

以上のように、A国、B国がそれぞれ比較優位を有する財の生産に特化することで、両国全体として米および機械の生産量が増加し、財の潜在的利用可能性が増加する。

さらに、A国はB国に機械を2単位輸出し、B国はA国に米を15単位輸出すると仮定して、A国、B国それぞれの国の財の利用可能性について考えよう。米と機械の利用可能量は、A国において米の利用可能量は貿易前と同じで、機械の利用可能量が1単位増加している。また、B国において機械の利用可能量は貿易前と同じで、米の利用可能量が1単位増加している。すなわち、両国ともに貿易の利益を享受できることがわかる。

以上のように、A国、B国が比較優位を有する財の生産に特化し、その財を互いに輸出し合うことで、財の利用可能性が高まるのである。これらが、比較優位構造に基づく貿易の利益である。

第2節 貿易政策とその効果

本節では、部分均衡分析を用いて、貿易の経済効果について分析する。また、現実の経済において、国際間での取引がある国において、輸入される財に関税をかけたり、輸入数量を制限したり、財の輸出に補助金を出したりしている。これらの貿易政策は、一般に、輸入される財と競合する財を生産している国内産業を保護するなどの目的で実施される。

そこで本節では、第5章で解説された余剰分析を活用して、貿易の経済効果や貿易政策の効果について考察する。

1 貿易を行う前の市場均衡と経済厚生

ある国において、貿易が行われる可能性のある財を対象にした部分均衡分析を行う。またその国は小国であると仮定する。小国とは、外国と貿易を行

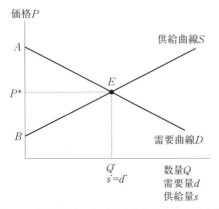

図11-1　閉鎖経済における市場均衡と社会的余剰

う場合、この国の経済活動が、他の国に影響を及ぼすことはない規模の国であることを意味する。この仮定により、この国が外国と貿易を行うとき、その財の国際価格で、任意の量を取引できることになる。

まず、貿易を行う前の閉鎖経済における均衡について確認しよう。図11-1には、閉鎖経済におけるある財の市場均衡を示している。この財の市場では、需要量d^*と供給量s^*が一致する均衡Eにおいて、均衡価格P^*の下でQ^*が取引される。このとき、社会的余剰は、消費者余剰△AEP^*と生産者余剰△EP^*Bを合計した面積の△AEBとなる。閉鎖経済において、この社会的余剰は最大になっており、市場均衡は効率的な資源配分を実現するものであるといえる。

2　自由貿易と経済厚生

1）国際価格が国内均衡価格を下回る場合

自由貿易が行われる経済において、国際価格P_iが国内均衡価格P^*を下回ると、外国から輸入が行われる。このとき、国内の生産者はQ_Cを供給し、外国から（$Q_F - Q_C$）が輸入され、この国における当該財の取引はQ_Fとなる（図11-2）。

このとき、社会的余剰は、消費者余剰△AFP_iと生産者余剰△P_iCBを合計した$AFCB$の面積となる。閉鎖経済の社会的余剰△AEBと比較すると、余剰が△ECFだけ増加して、この国の経済厚生は改善する。また、輸入により消費者余剰は△AEP^*から△AFP_iと□P^*EFP_iだけ増加するが、生産者余剰は△EP^*Bから△P_iCBへと□P^*ECP_iだけ減少する。

生産者余剰は国内企業の固定費用を控除する前の利潤に相当するので、国

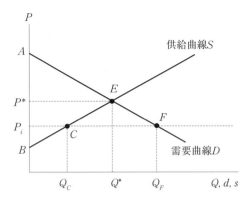

図11-2　国内均衡価格よりも国際価格の方が低く、輸入が行われる場合

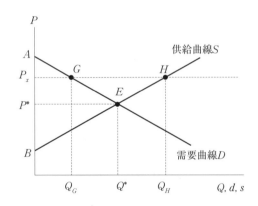

図11-3　国内均衡価格よりも国際価格の方が高く、輸出が行われる場合

際価格が閉鎖経済における均衡価格よりも低いために、供給者にとって、利潤の減少が生じることになる。

2）国内均衡価格が国際価格を下回る場合

　自由貿易が行われる経済において、国内均衡価格P^*が国際価格P_xを下回ると、外国へと輸出が行われる。このとき、国内の生産者はQ_Hを生産し、外国へ（$Q_H - Q_G$）が輸出され、この国における当該財の取引はQ_Gとなる（図11-3）。

このとき、社会的余剰は、消費者余剰$\triangle AGP_x$と生産者余剰$\triangle P_xHB$を合計した$AGHB$の面積となる。閉鎖経済の社会的余剰$\triangle AEB$と比較すると、余剰は$\triangle GHE$だけ増加し、この国の経済厚生は改善する。また、輸出により消費者余剰は$\triangle AEP^*$から$\triangle AGP_x$へと$\square P_xGEP^*$だけ減少するが、生産者余剰は$\triangle P^*EB$から$\triangle P_xHB$へと$\square P_xHEP^*$だけ増加する。生産者余剰は国内企業の固定費用を控除する前の利潤に相当するので、国際価格が閉鎖経済における均衡価格よりも高いために、供給者にとって、利潤の増加が生じることになる。

3　貿易政策の経済効果

これまで、小国において、自由貿易は利益を生じさせることを明らかにしてきた。一方、一国の貿易政策として、国内消費の抑制、国内産業の保護などを理由に、政府が市場に介入することがある。これまで、日本においても、輸入財への関税、輸入数量割当、国内生産者への補助金などの措置が行われたことがある。そこで、以下では、これらのうち、輸入財への関税、輸入数量割当の経済効果について検討する。

1 ）関税の効果

ここでは、輸入財の価格に$t(\times 100\%)$の税率がかけられる場合の経済効果について分析する。国際価格P_iが国内均衡価格P^*を下回ると、外国から輸入が行われるが、輸入価格に対して関税がかけられる結果、国内価格はP_T（$=(1+t)P_i$）となる。

価格がP_Tのとき、Q_Jが国内の生産者により供給され、(Q_K-Q_J)の量が輸入され、この国における当該財の取引量はQ_Kとなる。このとき、社会的余剰は、$AKMLJB$で囲まれた面積に等しくなる。このうち、消費者余剰は$\triangle AKP_T$、生産者余剰は$\triangle P_TJB$である。政府が関税による収入を国民の便益となるように使うと考えると、税収$\square JKML$も社会的余剰を構成する。

この例では、関税を課すことにより、自由貿易の場合と比較して、生産者余剰が$\triangle P_iCB$から$\triangle P_TJB$へと$\square P_TJCP_i$だけ増加し、国内産業を保護する目的がある程度達成される。一方で、関税の税収が国民の便益が増加するよ

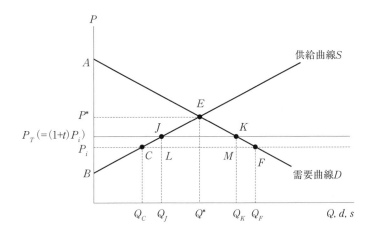

図11-4　関税の経済効果

うに使われるとして、それを消費者余剰に加えても、消費者の経済厚生は、自由貿易の場合と比較して、($\triangle CJL + \triangle MKF$)の分だけ減少する。また、社会的余剰も、同様に、($\triangle CJL + \triangle MKF$)の分だけ減少し、経済厚生が悪化することになる(図11-4)。

2）輸入数量制限の経済効果

政府において、取引量が、関税を課した場合の取引量Q_Kとなり、輸入数量が($Q_K - Q_J$)となるように制限を行うと仮定する。($Q_K - Q_J$)が、($Q_N - Q_C$)と等しいことに注意すると、供給の内訳は、Q_Cまでは国内産業によってS曲線に沿って行われ、($Q_N - Q_C$)が輸入され、($Q_K - Q_N$)が国内産業によってS'に沿って行われることになる。結局、国内産業による供給量はQ_Jに等しくなる。

輸入数量制限を行った場合、社会的余剰の大きさは、関税を課した場合と同じである。ただし、国内価格がP_Tとなるため、関税をかけた場合の税収に等しい□$P_T JCP_i$だけ生産者余剰が増加する。また□$JLMK$は輸入業者の利益となる。

結果として、輸入数量制限を行うと、自由貿易の場合と比較して経済厚生が悪化することになる。

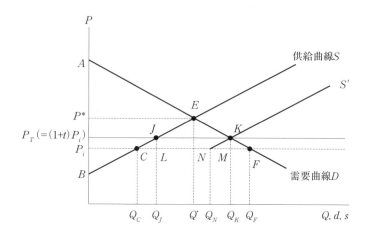

図11-5　輸入数量制限の経済効果

第3節　国際収支統計

　今日、国際間で、財・サービスや資産・負債の取引が活発に行われている。これらの取引を記録する仕組みが国際収支統計である。日本では、日本銀行が、財務大臣から委任を受けて、国際収支統計（IMF国際収支マニュアル）に基づいて、「国際収支状況」を公表している。

　国際収支統計に計上される取引は、当該国を経済活動の本拠地として一定期間以上居住している居住者と、それ以外の国の非居住者との間で行われる。

　この居住者と非居住者との間で行われた取引は、財・サービスおよび所得の取引や経常移転を記録する経常収支、対外金融資産・負債の増減に係る取引を記録する金融収支、生産資産・金融資産以外の資産の取引や資本移転を記録する資本移転等収支から構成される。

1　経常収支

　経常収支には、財貨・サービスの取引、所得の受払い、経常移転が計上される。また、経常収支は、貿易・サービス収支、第一次所得収支、第二所

得収支から構成される。

$$経常収支 = 貿易・サービス収支 + 第一次所得収支 + 第二次所得収支$$

　貿易・サービス収支は、財貨の輸出入の収支である貿易収支、輸送・旅行などサービス取引の収支であるサービス収支から構成される。第一次所得収支は、当該国の居住者が労働サービス供給の対価として得た雇用者報酬と、資金提供の対価である配当金や利子等の投資収益からなる。第二次所得収支には、実物および金融資産などの無償取引（援助・国際機関への拠出など）、労働者送金、生命保険以外の保険金の受払いなどが計上される。

2　金融収支

　金融収支は、直接投資、証券投資、金融派生商品、その他投資、および、外貨準備に関する、当該国の居住者と外国の居住者間での、資産および負債の取引が計上される。それぞれ資産（非居住者に対する債権）変化から負債（非居住者に対する債務）変化を差引くことで、収支を求めることができる。ただし、外貨準備に関しては、資産変化のみが計上される。

　たとえば、当該国の居住者が外国の国債を買うなど、資産を取得すると金融収支にプラス計上され、処分するとマイナス計上される。また、当該国の居住者が外国の銀行から借入れを行うなどして負債を負うとマイナス計上される。また、債務の返済はプラス計上される。

3　その他の収支

1）資本移転等収支

　資本移転等収支は、対価の受領を伴わない固定資産の提供、債務免除のほか、非生産・非金融資産の取得処分等が計上される。

2）誤差脱漏

　国際収支表は、原理的には収支がゼロとなるはずである。しかし、実際には、国際収支はゼロとならない。このため、「誤差脱漏」を、国際収支がゼロとなるための、バランス項目として計上する。

4 国際収支の構造

$$国際収支 = 経常収支 + 資本移転等収支 - 金融収支 + 誤差脱漏 = 0$$

通常の経済取引は、財・サービスの提供と対価の支払いがセットとなっている。このことは、国際間での取引においても、基本的に同様である。そこで、国際収支統計（表11-4）では、この双方向の流れの両方を計上する「複式計上の原則」が採用されている。すなわち、この原則は、居住者と非居住者との間で行われる国際間の取引は、基本的に双方向であり、その両方向の金額を計上するという考え方に基づく。

たとえば、日本の企業がアメリカの居住者に財を100売却し、その代金支払いをこの企業が保有するアメリカの銀行口座に受けたとする。この場合、国際収支統計における経常勘定の輸出の項目に100がプラス計上され、金融収支における資産増加に100が計上される。

以上のように「複式計上の原則」に従って記載される国際収支統計では、国際間の取引が行われると、同額のプラス計上およびマイナス計上が行われるので、すべての収支を合計するとゼロになるという構造を有する。ただし、お金の流れを考慮して、金融収支にはマイナス1がかけられて合計される。

また、例外として、外国に対する50の食糧の無償援助等は、対価を伴わない一方向の取引なので、援助を行った国の国際収支統計において、輸出に50がプラス計上されるとともに、第二次所得収支に50がマイナス計上される。

第4節 為替レートとその決定

1 為替レートとは

為替レートとは、通貨の交換比率のことである。たとえば、円ドル為替レートが、1ドル100円から110円へと変化したといったニュースが流れることがある。このように、外国為替市場において、外国通貨1単位（たとえば

第11章　国際経済学　**201**

表11-4　過去３年の日本の国際収支の推移

（単位：億円）

		2014年（平成26年）	2015年（平成27年）	2016年（P）（平成28年（P））
	貿易・サービス収支	− 134,988	− 23,072	46,045
	貿 易 収 支	− 104,653	− 6,288	55,793
	輸 　出	740,747	752,653	688,853
	輸 　入	845,400	758,941	633,060
	サービス収支	− 30,335	− 16,784	− 9,748
	第一次所得収支	193,738	206,526	181,360
	第二次所得収支	− 19,945	− 19,327	− 20,908
経 常 収 支		38,805	164,127	206,496
資本移転等収支		− 2,089	− 2,713	− 7,430
	直接投資	125,466	158,451	145,548
	証券投資	− 48,330	160,620	305,037
	金融派生商品	37,644	21,424	− 16,725
	その他投資	− 61,306	− 135,293	− 139,089
	外貨準備	8,898	6,251	− 5,780
金 融 収 支		62,371	211,452	288,991
誤 差 脱 漏		25,656	50,038	89,925

（注１）Pは速報値
（注２）四捨五入をしている
（注３）金融収支のプラス（＋）は純資産の増加、マイナス（−）は純資産の減少を示す
（出所）財務省

１ドル）と何円が交換されるかを表す比率は、邦貨建て為替レートと呼ばれる。為替レートには、１円と外国通貨何単位が交換されるかを表す外貨建て為替レートという表示法もある。以下では、単に為替レートという場合、邦貨建て円ドルレートのことを示すとし、邦貨建て為替レートを中心に解説することにする。

　１ドルと何円が交換されるかを示す邦貨建て円ドルレートは、円で測ったドルの価値を示している。したがって、１ドル100円が110円に変化した場合は、ドルの価値が上昇していることを示す。一方、円の価値は下落している。このような変化を、円安ドル高と呼ぶ。また、円の減価、ドルの増価という場合もある。

他方、1ドル100円が90円に変化した場合は、ドルの価値が低下していることを示す。一方、円の価値は上昇している。このような変化を、円高ドル安と呼ぶ。また、ドルの減価、円の増価と呼ぶ場合もある。

2　為替レートの決定

1）均衡為替レート

外国為替市場において、為替レートを決定するのは、外国通貨に対する需要と供給である。たとえば、円ドル為替レートは、外国為替市場におけるドルの需要とドルの供給が一致し、均衡が成立するように決定される。

ドルと円の取引において、円を手放してドルを購入するドル需要とドルを手放して円を購入するドル供給がある。すなわち、ドルが需要されるとき、円が同時に供給され、ドルが供給されるとき、同時に円が需要される。このため、外国為替市場において、ドルに対する需要と供給が一致し、均衡が成立する場合、同時に円の供給と需要が一致することになる。

たとえば、円ドル為替レート1ドル100円であるとき、10万円を手放して1000ドルを購入するドル需要（円供給）と、1000ドルを手放して10万円を購入するドル供給（円需要）が一致し、均衡が成立するとする。このとき、すなわち均衡為替レートは1ドル100円となる。以上のように、為替レートは、外国為替市場において、外国通貨の需要と供給が一致するように決定されるのである。

2）ドルの需要曲線と供給曲線と均衡為替レート

ドル需要（円供給）とドル供給（円需要）が生じるのは、外国との間で、財・サービスの輸出入、資産取引が行われるからであると考えられる。通常、為替レートが円高・ドル安になると外国の財・サービス、資産は相対的に割安になるので、ドル需要を伴うそれらの取引は増加する。すなわち、円高・ドル安になると、ドル需要は増加する。この関係を図示したものが、右下がりの形状をしたドルの需要曲線である。

一方、ドル供給をもたらす対外取引には、財・サービスの輸出と外国からの資本流入（外国の居住者による日本資産の取得）がある。通常、為替レートが

円安・ドル高になると、日本の財・サービス資産は割安になるので、ドル供給を伴うそれらの取引は増加する。すなわち、円安・ドル高になると、ドル供給は増加する。この関係を図示したものが、右上がりの形状をしたドルの供給曲線である。

図11-6において、ドルの需要曲線と供給曲線の交点Eが均衡点で、均衡為替レートはe^*に決定される。

3）為替レートの変化要因

今、均衡為替レートが1ドル100円であるとしよう。このレートにおいて、ドル供給（円需要）を一定として、ドル需要（円供給）のみが減少すると、円ドル為替レートは円高ドル安の方向に変化する（図11-7）。他方、ドル供給（円需要）を一定として、ドル需要（円供給）のみが増加すると、円ドル為替レートは円安ドル高の方向に変化する（図11-8）。このような為替レートの変動は、為替レート以外の要因の変化によるものである。以上のドル需要（円供給）やドル供給（円需要）に影響を与える為替レートの変動以外の要因として、日米の物価上昇率格差や金利差の変化が重要である。

たとえば、アメリカの物価を一定として日本の物価が下落すると、日本の居住者によるアメリカの財・サービスの需要が減少する可能性がある。このとき、外国為替市場において、ドル需要（円供給）は減少するので、円ドル為替レートは円高ドル安に変化する。

また、アメリカにおいて利子率が上昇するとき、アメリカ資産（ドル資産）の収益率が日本資産（円資産）の収益率と比較して高くなるので、投資家がアメリカ資産（ドル資産）を購入するため、ドル需要（円供給）が増加すると考えられる。このとき、外国為替市場において、ドル需要（円供給）が増加するので、円ドル為替レートは円安

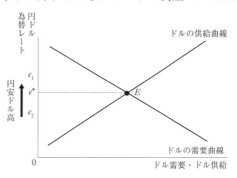

図11-6 外国為替市場におけるドルの需要と供給

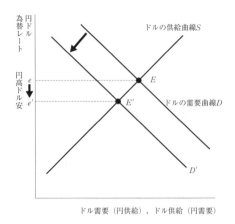
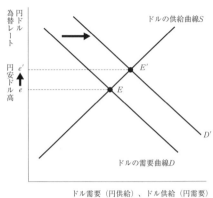

図11-7　ドル需要減少による為替レートの変化　　図11-8　ドル需要増加による為替レートの変化
　　　　（アメリカにおける物価上昇による為替レートの変化）　　　　　（アメリカにおける利子率上昇による為替レートの変化）

ドル高に変化する。

4）為替レートの決定仮説

　前項において、物価水準や利子率の水準の変化が、ドル需要（円供給）またはドル供給（円需要）を変化させ、為替レートを変化させることを説明した。これらの関係は、代表的な為替レート決定仮説としての購買力平価説と金利平価説を理解するうえで重要である。以下では、購買力平価説と金利平価説について説明しよう。

3　購買力平価説

1）購買力平価説とは

　購買力平価説（PPP：Purchasing Power Parity）とは、2国間の通貨の交換比率である為替レートは、両国の通貨の購買力が等しくなるように決定されるというものである。また、この仮説は、国際間で一物一価が成立するように為替レートが決まるという考えに基づいている。

　たとえば、ドルと円で考えた場合、まったく同一の財（たとえばハンバーガー1個）の価格が、アメリカでは1ドル、日本だと100円であるとしよう。この財が、日米で貿易される代表的な財であると考えると、1ドルと100円

の通貨価値（＝購買力）は等しいということになる。この場合、購買力平価説において決定される円ドル為替レートは、100円/ドルになる。

購買力平価説は、ハンバーガーの価格を物価ととらえて一般化したものと考えることができる。この仮説によると、為替レートは内外の物価水準の比率に等しく決まる。

$$\underbrace{P}_{\text{日本の物価}} = \underbrace{P_f}_{\text{アメリカの物価}} \times \underbrace{e}_{\text{円ドル為替レート}}$$

$$e = \frac{P}{P_f}$$

2）物価の変化と為替レートの変化

購買力平価説が成立するとき、為替レートは日米の物価水準の比に等しく決定される。この仮説において、日本、またはアメリカで物価が変化すると、円ドル為替レートはどのように変化するであろうか。

アメリカの物価水準を一定として、日本の物価が上昇すると、上式の右辺（P/P_f）の値が大きくなり、それに等しく決まる円ドル為替レートの値は、円安ドル高方向に変化する。一方、日本の物価水準を一定として、アメリカの物価が上昇すると、上式の右辺の値が小さくなり、それに等しく決まる円ドル為替レートの値は、円高ドル安方向に変化する。

これらのことから、購買力平価説が成立するとき、相対的に、物価が上昇する国の通貨は減価し、物価が下落する国の通貨は増価することがわかる。

4 アセット・アプローチ

1）アセット・アプローチとは

現代において、国際間での資産の取引は、その収益率（利子率）の変化などに対して、瞬時に、大規模に行われる。このため、利子率は、短期の為替レートを決定する要因として重視されるべきである。

このとき短期において、為替レートは、内外資産の取引に伴い発生するドルの需給により決定されることになる。このような為替レート決定に関する考え方はアセット・アプローチと呼ばれる。

2）金利平価説とは

代表的なアセット・アプローチとして、金利平価説がある。この仮説によると、一定の資金を日本で運用してもアメリカで運用しても、円ベースで評価した収益率が等しくなるように、為替レートが決定される。

たとえば、リスク中立的な投資家が、一定資金（たとえば1億円）を、日本の資産、またはアメリカの資産で運用すると仮定して、為替レートの決定について見てみよう。ここで、リスク中立的とは、投資家が、資産選択（資産をどのような構成で保有するかという問題）を行う際に、リスクの大きさには関心を払わず、もっぱら、収益率の大きさを追求することを意味する。

3）金利平価説による為替レートの決定

簡単化のため、運用期間を1期（たとえば1年間）とする。投資家が、利子率i（×100％）の日本の資産（たとえば預金）を選択した場合、投資した1億円は、1期後、$(1+i)$億円となる。一方、投資家が、利子率がi_f（×100％）のアメリカの資産（たとえば外貨預金）を選択した場合、1億円は、1期後、$\dfrac{e'}{e}(1+i_f)$億円になると予想される。

この予想を得るために、次のように考えるとよい。投資家が外貨預金（ドル預金）をするために、投資時点で、外国為替市場で、円をドルに変換する。このとき円ドル為替レートがe円/ドルであるとすると、1億円は$\dfrac{1}{e}$億ドルに換えることができる。投資家が、この金額をドル預金に預けると、1期後、$(1+i_f)\dfrac{1}{e}$億ドルになり、これを1期後の予想為替レートe'円/ドルで円に換えると$(1+i_f)\dfrac{e'}{e}$億円になると予想される。このように1期後の金額が予想値となっているのは、1期後に、ドルを円に換えるための実際の為替レートがわからないためである。

金利平価説において、以下説明する裁定取引を通して、一定資金（1億円）を日本で運用しても、アメリカで運用しても、両者の金額は等しくなると考えられている。もし、1期後に得られる額が両者で異なる場合、その大きさが小さい国で借入れを行い、大きな国の資産で運用することで利益が得られる。また、この裁定取引により為替レートが変動する。そして、この変動は、両者の金額が等しくなり、裁定取引が行われなくなるまで続く。

第11章　国際経済学　**207**

　結果として、裁定取引が起こらない状態である均衡においては、次式が成立する。

$$1+i=\frac{e'}{e}(1+i_f)$$

この式は、次式のように近似することができる。

$$i=i_f+\frac{e'-e}{e}$$

　この式の左辺は日本資産に投資したときの収益率を、右辺はアメリカ資産に投資をしたときの円ベースの収益率を表している。また、右辺第1項はドル資産からのドルベースの収益率を、第2項は為替変動からの予想変化率（収益率）を表している。したがって金利平価説は、日本資産に投資をしたときの収益率とアメリカ資産に投資をしたときの収益率が円ベースで等しくなるように、現在の円ドル為替レートeが決定される仮説であるということができる。

　また、この式は、次式のように変形できる。

$$i-i_f=\frac{e'-e}{e}$$

　この式は、金利平価説が成立するとき、日本の利子率とアメリカ利子率の差（内外金利差）に等しく為替レートの変化率が決定されるということを示している。

4) 利子率の変化と為替レートの変化

　金利平価説が成立するとき、日米の利子率が変化するとき、為替レートはどのように変化するであろうか。

　日本の利子率を一定として、アメリカの利子率が上昇するとき、アメリカ資産で運用したときの円ベースの収益率が、日本資産で運用したときの収益率よりも高くなるため、日本資産を処分して、または日本で借入れをして、アメリカ資産を取得する裁定取引が生じる。これらによって、生じるドルの需要変化によって円ドル為替レートは円安ドル高に変化する。

　他方、アメリカの利子率を一定として、日本の利子率が上昇するとき、日

本資産で運用したときの収益率が、アメリカ資産で運用したときの円ベースの収益率よりも高くなるため、アメリカ資産を処分して、またはアメリカで借入れをして、日本資産を取得する裁定取引が生じる。これらによって、円ドル為替レートは円高ドル安に変化する。

　これらの、日米の利子率の変化と為替レートの変化の関係は、次のようにとらえることもできる。すなわち、日本とアメリカの利子率の差（日本の利子率－アメリカの利子率）が変化するとそれに応じて、為替レートが変化する。

　アメリカの利子率が日本の利子率に対して相対的に上昇し、利子率格差が変化すると円ドル為替レートは、円安ドル高に変化する。一方、日本の利子率がアメリカの利子率に対して相対的に上昇し、利子率格差が変化すると円ドル為替レートは、円高ドル安に変化する。

○引用・参考文献

石井安憲ほか『入門・国際経済学』有斐閣、1999年。

高増明・野口旭『国際経済学』ナカニシヤ出版、2002年。

福岡正夫『ゼミナール経済学入門』日本経済新聞社、1986年。

二神孝一・堀敬一『マクロ経済学』有斐閣、2009年。

Krugman P., Wells, R., *Economics*, Worth Publishers., 2006.（大山道広ほか訳『クルーグマンマクロ経済学』東洋経済新報社、2013年。）

第11章　国際経済学　**209**

コラム：為替レートと貿易収支

　為替レートと貿易収支はどのような関係にあるのだろうか。一般に、円高は輸入に対して有利に働き、貿易収支を悪化（赤字方向に変化）させ、円安は輸出に対して有利に働き、貿易収支を改善（黒字方向に変化）させると理解されている。

　実際は、どうであろうか。たとえば、円安が生じた際に、貿易収支が悪化することは珍しくない。円表示の貿易収支は、輸出金額から輸入金額を差し引くことで求められる。輸出金額は、輸出価格と輸出数量をかけ合わせることで、輸入金額は、輸入価格と輸入数量をかけ合わせることで求められる。

　ここで、輸出は円で、輸入はドルで行われる契約であると仮定する。すると、貿易収支は次式のように計算される。

　　　貿易収支＝輸出価格(円)×輸出数量
　　　　　　　－為替レート×輸入価格(ドル)×輸入数量

　この式において、輸出価格と輸入価格を一定として、為替レートが円安に変化したとしよう。このとき、国内財は外国財と比較して割安になるので、輸出数量は増加し、輸入数量が減少すると考えられるが、貿易が一定期間の契約の下に行われている場合、その数量の調整には時間を要する。一方、円表示の輸入価格（為替レート×輸入価格〔ドル〕）は上昇する。

　すると、円安が生じるとき、数量の調整が十分に行われない短期において、貿易収支が悪化することになる。その後、時間の経過とともに、次第に数量の調整が行われることにより、貿易収支は改善される。

　以上のように為替レートの変化と貿易収支の変化の関係について考察する際には、為替レート変化の輸出入価格に与える効果と数量に与える効果の両方を考える必要がある。

索　引

ア　行

*IS*曲線	157
赤字公債	131
アセット・アプローチ	205
安価な政府	13
依存効果	40, 59
一般会計歳出	126
一般均衡分析	90
一般均衡理論	26
一般的価値尺度	102
一般的交換手段	102
イノベーション	25, 34
インターバンク市場	109
インフレーション	178
インフレギャップ	150
ヴェブレン効果	58
エッジワース（Edgeworth, F. Y.）	45
*LM*曲線	162
エンゲル（Engel, E.）	54
——の法則	54
エンゲル係数	54
円高ドル安	202
円の減価	201
円の増価	202
円安ドル高	201

カ　行

外貨建て為替レート	201
階級的対立	10
会計年度独立の原則	125
外部資金調達コスト	33
外部性	120
価格効果	55
価格・消費曲線	55
価格調整機構	90
価格の資源配分機能	90
価格メカニズム	90
下級財	53

家計部門	31
貸付資金説	30
加重限界効用	44
過小生産	94
可処分所得	148
課税ベース	128
寡占	96
寡占市場	97
——での協調行動	98
寡占的巨大企業	32
過大生産	95
価値貯蔵手段機能	25
価値の貯蔵手段	103
下部構造	22
株式会社	20
貨幣	25
——の中立性	20
貨幣価値の変動	103
貨幣経済	1, 6
貨幣市場	159
貨幣需要	159
貨幣数量説	19
貨幣的経済理論	19
可変生産要素	63
可変費用	65
カルテル	11
ガルブレイス（Galbraith, J. K.）	40
為替レート	189, 200
関税	189, 193, 196
間接金融	107
間接税	129
完全競争市場	89, 95
企業	26
企業家	34
企業賦課金	33
企業部門	32
技術進歩	177
稀少性の定義	4
キチン循環	182

索　引　**211**

ギッフェン（Giffen, R.）　58
　——の逆説　58
ギッフェン財　58
規模の経済　29
キャッシュフロー　33
供給曲線　84
供給の価格弾力性　87
供給の変化　88
供給表　84
供給量の変化　85
共産主義　9
競争戦略　35
虚学　17
曲線のシフト　87
居住者　198
均衡価格　89
均衡為替レート　202
均衡点　89
銀行の銀行　114-5
近代二元論　15
金本位制　102
金融収支　198
金融政策　166
金利平価説　189, 204, 206
クズネッツ循環　183
クラウディング・アウト　132, 167
グレシャムの法則　103
景気循環　180
景気の谷　181
景気の山　181
経済　1
経済学　1
『経済学』　4
『経済学原理』　3
『経済学入門』　3
経済現象　2
経済原則　2
経済史　5, 8
経済主体　2, 101
経済人　40
経済人モデル　22
経済政策　5, 8
経済成長　180

経済成長率　15
経済的・文化的な環境の格差と教育の格
　差との悪循環　36
経済発展段階説　6
経済理論　5, 8
『経済録』　3
経常収支　198
競売人　26
経費別分類　126
経費膨張の法則　123
ケインズ革命　39
決済機能　108
限界革命　8, 26, 39
限界効用　41, 91
（限界）効用価値説　26
限界効用曲線　42
限界効用均等の法則　43
限界効用逓減の法則　42
限界収入　97
限界収入線　97
限界消費性向　146
限界生産性　63
限界生産性逓減の法則　63
限界代替率　46
限界単位　41
限界費用　66
限界費用曲線　97
建設公債の原則　130
建設投資循環　183
公開市場操作　115
交換手段機能　25
公共財　119
厚生経済学　28
公定歩合　113
購買力平価説　189, 204
効用　40
効用最大化行動　50
ゴーイング・コンサーン　36
コーポレート・ガバナンス　35
コール市場　110
国際収支統計　189, 198
国債発行残高　131
国内総支出（GDE）　140

国内総所得（Gross Domestic Income）	144	——の効率性	94
国内総生産（GDP）	140	資源ベース・アプローチ	35
国民純生産（NNP）	141	市場経済体制	9
国民所得	139	市場社会	20
国民総支出（GNE）	141	市場メカニズム	90
国民総生産（GNP）	140	自然利子率	30
穀物法論争	23	持続的な競争優位	35
固定生産要素	64	実学	17
固定費用	65	実質残高効果	28
古典派経済学	21	実質GDP	140, 171
コブ=ダグラス型生産関数	184	実物経済	6
個別需要曲線	57	使途別分類	126
個別的報償関係	7	ジニ係数	121
コンツェルン	11	シニョレッジ	113
コンドラチェフ循環	183	支配労働価値説	21

サ 行

在庫循環	182	支払い準備	106
在庫投資	140	支払準備率	106
最後の貸し手	114	支払準備率操作	115
財政	119	資本	62
財政赤字	131	——の限界効率	30
財政収支	131	——の証券化	29
財政政策	122, 164	——のレンタル・プライス	175
財政投融資	133	資本移転等収支	198
財政投融資改革	134	資本市場	110
財政投融資計画	134	資本主義	9, 19
財政法第4条	130	資本分配率	184
財政民主主義	124	社会主義	9
財投機関	135	社会主義学派	24
財投機関債	134	社会的厚生	93
財投債	134	社会的分業	2
財の国際価格	194	社会的余剰	93
差額地代論	23	社会的連帯	36
サミュエルソン（Samuelson, P. A.）	4	社会保障	121
『産業経済学』	3	奢侈品	43
産業の短期供給曲線	73	収穫逓減の法則	23
産業の長期供給曲線	80	私有財産制度	9
サンクコスト	34	自由資本主義	10
三面等価の原則	143	重商主義	19
GDPデフレーター	140, 171	修正資本主義	13
ジェヴォンズ（Jevons, W. S.）	39	集中度	97
資源配分	119	重農主義	21
		自由貿易	196
		ジュグラー循環	183

需要曲線	84	生産主体	39
需要の価格弾力性	57, 85	生産性の向上	177
需要の法則	57, 84	生産の3要素	6
需要表	84	生産要素	62
需要量の変化	84	生産要素価格下落	177
シュンペーター（Schumpeter, J. A.）	40	成長会計	185
上級財	52	セイの法則	30
証券市場	110	政府長期債務残高	131
乗数効果	29	政府の銀行	114-5
消費活動	39	政府の失敗	15
消費者均衡	44, 51	政府のバランスシート	131
消費者主権	39	絶対優位	192
消費者余剰	91	設備投資循環	183
消費主体	39	潜在GDP	185
上部構造	22	潜在GDP成長率	185
所管別分類	126	選択順位	49
職場内分業	2	専門経営者	28
所得効果	55	総供給	172
所得再分配	121	総供給曲線	174
所得・消費曲線	52	操業停止価格	72
所有と経営の分離	27	操業停止点	71
所有と支配の分離	28	総効用	41
新規国債発行額	131	総需要	142, 172
新結合	34	総需要曲線	172
新古典派経済学	20	総生産物曲線	62
新古典派総合	31	相対価格	58
新制度学派	32	総費用	65
信用貨幣	7	疎外論	25
信用乗数	106	租税原則	127
信用創造	106	租税法律主義	125
慎慮	22	損益分岐価格	70
垂直的公平	128	損益分岐点	70
水平的公平	128	**タ　行**	
ステークホルダー	19		
スミス（Smith, A.）	2, 120	第一次所得収支	198
——の4原則	127	体制収斂論	10
税	127	代替効果	55
生活資料	7	ダイナミック・ケイパビリティ・アプローチ	35
生活必需品	43		
生産関数	62	第二次所得収支	198
生産技術	62	タイム・ラグ仮説	124
生産行動	39	太宰春台	3
生産者余剰	93	短期	63

——の供給曲線	72	トラスト	11
——の総費用曲線	64	取引動機による貨幣需要	159
短期金融市場	109	ドルの減価	202
短期利益追求型株主資本主義	36	ドルの増価	201

ナ　行

ダンピング	12		
小さな政府	13		
地金論争	23	内部資金調達	32
千種義人	5	内部資金調達コスト	33
中間商人	27	NEET	6
超過供給	89	二重決定仮説	31
超過需要	90	二分化された予算方程式	31
超過累進課税制度	122	能力主義	10
長期	63	ノン・アフェクタシオン	130

ハ　行

——の供給曲線	77		
——の限界費用曲線	76	発券銀行	114-5
——の総費用曲線	74	パレート（Pareto, V.）	45
——の平均費用曲線	75	ピーコック＝ワイズマン（Peacock, A. &	
長期均衡	79	Wiseman, J.）	124
長期金融市場	109	非価格競争戦略	98
長期波動	183	比較優位	192
直接金融	107	——の原理	23, 189
直接税	129	比較優位構造	190
直接統制	12	非居住者	198
通過残高	104	ヒックス（Hicks, J. R.）	45
ティム（Timm, H.）	124	費用逓減産業	120
ティンバーゲン（Tinbergen, J.）	10	ヒルデブラント（Hildebrand, B.）	6
デフォー（Defoe, D.）	5	ビルトイン・スタビライザー	123
デフォルト	132	不完全競争	96
デフレーション	178	不完全競争市場	96
デフレギャップ	150	不均衡累積過程	28
デモンストレーション効果	59	複式計上の原則	200
デューゼンベリー（Duesenberry, J. S.）	59	福祉国家	13
転位効果	124	普通税	130
投下労働価値説	21	物価	171
投機的動機による貨幣需要	159	物質主義的定義	4
当座預金	113	部分均衡分析	90
投資の限界効率逓減の法則	155	プライス・テイカー	34, 95
統制経済	12	プライス・メイカー	33
独占	96	プライス・リーダー	98
独占禁止法	12	プライマリー・バランス	131
独占資本主義	10-1	ブルー・カラー	14
独占的競争	96	プロテスタンティズムの精神	22
特化	192		

平均可変費用	70		**ヤ　行**	
平均費用	65			
ペティ=クラークの法則	2	夜警国家	13
貿易・サービス収支	198	有限責任制	29
貿易差額説	20	有効需要	24
貿易政策	189	——の原理	24
貿易の利益	190	有効需要管理政策	150
邦貨建て為替レート	201	有償資金	133
ポジショニング・アプローチ	35	輸入数量制限	197
ポピュリズム	15	輸入制限	189
ポリシー・ミックス	168	予算	125
ホワイト・カラー	14	予算線（予算制約線）	50
		予算単一の原則	125
マ　行		予備的動機による貨幣需要	159
		45度線分析	145
マークアップ価格理論	32		
マーシャル（Marshall, A.)	3-4, 57	**ラ　行**	
——のk	27		
マーシャル調整過程	27	利益	19
マクロ生産関数	175	利潤最大化行動	61
マスグレイブの7条件	128	利潤最大化条件	68
マネーサプライ	104	利潤追求	10
マネーストック	105	利潤率	156
マネタリーベース	105	利子率	156
マルクス（Marx, K.)	10	流動性選好	160
見えざる手	11	流動性選好説	30
ミクロ的基礎づけ	31	累進課税制度	14
無差別曲線	45-6	歴史学派	24
——の理論	45	労働	62
名目GDP	140, 171	労働価値説	21
名目賃金	175	労働分配率	184
メンガー（Menger, C.)	39		
モア（More, T.)	9	**ワ　行**	
目的税	130		
持分譲渡制	29	ワグナー（Wagner, A.)	123
		——の4大原則・9原則	127
		ワルラス（Walras, M. E. L.)	39
		ワルラス調整過程	27, 90

執筆者紹介

大淵　三洋（おおふち　みつひろ）　　第1章、第3章
最終学歴：日本大学大学院経済学研究科博士後期課程単位取得満期退学
現　　職：日本大学国際関係学部教授　博士（国際関係）
主要著作：『増訂　経済学の基本原理と諸問題』（編著）八千代出版、2013年
　　　　　『イギリス正統派の財政経済思想と受容過程』学文社、2008年
　　　　　『イギリス正統派経済学の系譜と財政論』学文社、2005年
　　　　　『改訂版　租税の基本原理とアメリカ租税論の展開』（共著）評論
　　　　　社、2001年
　　　　　『古典派経済学の自由観と財政思想の展開』評論社、1996年

芹澤　高斉（せりざわ　たかなり）　　第10章、第11章
最終学歴：中央大学大学院経済学研究科博士後期課程単位取得満期退学
現　　職：淑徳大学コミュニティ政策学部教授　修士（経済学）
主要著作：「全体ルーブリック　淑徳大学におけるルーブリックの取組」『淑
　　　　　徳大学看護栄養学部紀要』第8号、2016年
　　　　　『増訂　経済学の基本原理と諸問題』（共著）八千代出版、2013年
　　　　　「我が国の漁業管理制度の課題と地域の漁業」（共著）『三重中京
　　　　　大学地域社会研究所所報』第25号、2013年
　　　　　「漁業管理の制度的側面に関する一考察」（共著）『三重中京大学
　　　　　地域社会研究所所報』第23号、2011年
　　　　　「宝塚古墳をめぐる政策研究」（共著）『松阪大学地域社会研究所
　　　　　所報』第16号、2004年

日隈　信夫（ひぐま　しのぶ）　　第2章
最終学歴：早稲田大学大学院社会科学研究科博士後期課程単位取得満期退学
現　　職：中央学院大学商学部准教授　修士（経済学）
主要著作：『現代の経営学』（共著）税務経理協会、2018年
　　　　　「持続的な競争優位に向けた動学的な競争戦略—競争戦略論にみるダイ
　　　　　ナミック・ケイパビリティ—」『証券経済学会年報』第51号別冊、2017
　　　　　年

二本杉　剛（にほんすぎ　つよし）　　第 4 章
最終学歴：大阪大学大学院経済学研究科博士後期課程単位取得満期退学
現　　　職：大阪経済大学経済学部准教授　博士（経済学）
主要著作：Sustaining Cooperation in Social Dilemma: Comparison of Centralized
　　　　　　Punishment Institutions（with Y. Kamijo, A. Takeuchi and Y.
　　　　　　Funaki）, *Games and Economic Behavior*, 84, 180-195, 2014.
　　　　　　『プレステップ経済学―経済実験で学ぶ―』（共著）弘文堂、2013年

東馬　宏和（とうま　ひろかず）　　第 5 章
最終学歴：St. Edward's University大学院経営管理研究科修士課程修了
現　　　職：日本大学短期大学部ビジネス教養学科教授　経営学修士（MBA）
主要著作：『多角的視点からの経営マネジメント論稿集』なでしこ出版、2013年
　　　　　　『日本とアメリカ―経営から文化まで―』（共著）なでしこ出版、2007
　　　　　　年

川戸　秀昭（かわと　ひであき）　　第 6 章、第 8 章
最終学歴：日本大学大学院国際関係研究科博士後期課程修了
現　　　職：日本大学短期大学部ビジネス教養学科准教授　博士（国際関係）
主要著作：『国際政治経済学新論―新しい国際関係の理論と実践―』（共編）　時潮
　　　　　　社、2013年
　　　　　　Theoretical background of Asian regionalization -from Environmental,
　　　　　　Financial and Economical Facets-, 時潮社、2007年

浅羽　隆史（あさば　たかし）　　第 7 章
最終学歴：中央大学大学院経済学研究科博士後期課程中退
現　　　職：成蹊大学法学部教授　修士（経済学）
主要著作：『建設公債の原則と財政赤字』丸善、2013年
　　　　　　『格差是正の地方財源論』同友館、2009年

葉山　幸嗣（はやま　こうじ）　　第 9 章
最終学歴：明治大学大学院政治経済学研究科博士後期課程修了
現　　　職：和光大学経済経営学部准教授　博士（経済学）
主要著作：『17歳からはじめる経済・経営学のススメ』（共著）日本評論社、2016
　　　　　　年
　　　　　　『Primary大学テキスト　これだけはおさえたい経済学―学びのガイダ
　　　　　　ンス―』（共著）実教出版、2014年

基本経済学

2018年4月9日　第1版第1刷発行

編著者 ── 大淵三洋・芹澤高斉
発行者 ── 森口恵美子
印刷所 ── 松本紙工
製本所 ── グリーン
発行所 ── 八千代出版株式会社

〒101-0061　東京都千代田区神田三崎町2-2-13
TEL　03-3262-0420
FAX　03-3237-0723
振替　00190-4-168060
＊定価はカバーに表示してあります。
＊落丁・乱丁本はお取替えいたします。

© 2018 M. Ofuchi, T. Serizawa et al
ISBN978-4-8429-1717-7